Raoul Wagner

Einlagenrückgewähr

Heinz Krejci, Gerhard Saria,
Markus Dellinger und Bernd Wagner
gewidmet

Einlagenrückgewähr

Von der Abschlussprüferhaftung über Cash-Pooling und Insolvenzrecht bis Zession

Dr. Raoul Wagner, LL.M. (NYU)
Wirtschaftsanwalt und Insolvenzverwalter in Wien

Linde

Zitiervorschlag: *Raoul Wagner*, Einlagenrückgewähr (2025) Seite

Bibliografische Information der Deutschen Nationalbibliothek

Die Deutsche Nationalbibliothek verzeichnet diese Publikation in der Deutschen Nationalbibliografie; detaillierte bibliografische Daten sind im Internet über http://dnb.d-nb.de abrufbar.

Hinweis: Wenn aus Gründen der leichteren Lesbarkeit auf eine geschlechtsspezifische Differenzierung verzichtet wird, gelten entsprechende Begriffe im Sinne der Gleichbehandlung für alle Geschlechter.

ISBN 978-3-7073-5302-0

1210 Wien, Scheydgasse 24, Tel.: 01/24 630
office@lindeverlag.at | www.lindeverlag.at

Druck und Bindung: Prime Rate Zrt.,
H-1044 Budapest, Megyeri út 53
1

Vorwort

„[…] im Übrigen ist nicht alles schon deshalb vertretbar, weil es einmal in der Literatur vertreten wurde.“[1]

G. Kodek

Dieses Büchlein erhebt nicht den Anspruch einer wissenschaftlichen Aufarbeitung des Themas Einlagenrückgewähr. Vielmehr soll es im Sinne eines Überblicks über grundlegende Rechtsprechung und Literatur ein für Praktiker nützliches Werkzeug sein, mit dem eine erste rasche Prüfung eines Sachverhalts auf das Vorliegen des Verbots der Einlagenrückgewähr ermöglicht und die erste Richtung für die vertiefende Recherche angedeutet werden soll. Manche Wiederholungen sind beabsichtigt und dienen der einfacheren Verwendung.

Ich konnte es mir allerdings auch nicht ganz verkneifen, an einigen Stellen und zu einigen Aspekten – wie zum Beispiel zur „Heilung“ verbotener Einlagenrückgewähr, zur Anfechtbarkeit gutgläubig bezogener Scheingewinne, zum Kausalitätsnachweis bei der Abschlussprüferhaftung, zur Solidarhaftung direkter und mittelbarer Gesellschafterinnen, zur Ausfallshaftung unbeteiligter Gesellschafter, zum (US-)Eigenkapitalersatzrecht, zum Geschäftsführerentgelt in der Ein-Mann-GmbH und zum Cash Pooling – meine eigene Meinung einfließen zu lassen.

Ich bedanke mich bei den Leserinnen und Lesern für das Interesse und bitte um hemmungs- und schonungslose Reaktionen, damit ich weiterlerne und eine etwaige nächste Auflage besser wird als diese erste. Ich bin insbesondere über www.einlagenrückgewähr.at erreichbar.

Wien, im August 2025 *Raoul Wagner*

1 *G. Kodek* in *Rummel/Lukas*, ABGB[4] (2015) § 2 Rz 22; 6 Ob 198/15h ErwGr 4.5.1.

Inhaltsverzeichnis

Danksagung

Dieses Buch ist meinem Lehrer und Doktorvater Univ.-Prof. *Dr. iur. Heinz Krejci*, seinem seinerzeitigen Assistenten, meinem Betreuer und Lehrer Ass.-Prof. *Mag. Dr. Gerhard Saria* und Univ.-Prof. *Dr. Markus Dellinger* sowie meinem Vater *Dr. Bernd Wagner* gewidmet. Es war mein großes Glück, bei *Heinz Krejci* 1995/96 meine Diplomarbeit zu den Themen Einlagenrückgewähr und Eigenkapitalersatz schreiben zu dürfen und dabei von *Gerhard Saria* betreut zu werden. Dieses Glück setzte sich bei meiner Dissertation (Geschäftsführerhaftung und URG, Linde, 1999; siehe auch 6 Ob 269/05k) fort.

Heinz Krejci und ***Gerhard Saria*** begeisterten mich wie nur wenige andere meiner Lehrer (wie insbesondere auch *Bernhard König*, *Markus Dellinger*, *Louis C. Morsak*, *Gerold Stoll*, *Gerhard Frotz*, *Georg Wilhelm*, *John Sexton*, *Helen Hershkoff*, *Clayton Gilette*, *Arthur Pinto*, *Tom R. Tyler*, *Michael Enzinger*, *Wolfgang Gassner* und *Michael Lang*) für die Rechtswissenschaften und lehrten und förderten mich ebenso geduldig und selbstlos in einer Weise, die mir seither als Vorbild dient. Ohne *Heinz Krejci* und *Gerhard Saria* hätte ich die Einlagenrückgewähr und den Eigenkapitalersatz wohl gar nicht erst als Spezialgebiete für mich entdeckt und nicht den klaren Blick entwickelt, der es mir ermöglicht, in meiner täglichen Arbeit als Wirtschaftsanwalt und Insolvenzverwalter die entsprechenden Sachverhalte rasch zu erkennen und verständlich zu erklären.

Ich kann ohne Übertreibung sagen, dass ein großer Teil meines beruflichen und wirtschaftlichen Erfolges in der Förderung und Ausbildung durch *Heinz Krejci* und *Gerhard Saria* wurzelt. Sie luden mich als jungen Dissertanten ein und ermutigten mich, auf einer Ebene mit den Spitzen des Unternehmensrechts wie *Karsten Schmidt* zu diskutieren (siehe ecolex 2000, 710), und nahmen mir die Scheu, erste Publikationen zu wagen. *Gerhard Saria* nötigte mich geradezu, gemeinsam mit ihm meine erste Fachpublikation zu schreiben, nachdem ich als Rechtspraktikant des HG Wien einen Beschluss entworfen hatte, mit dem das Eigenkapitalersatzrecht – vor dem EKEG – auch auf einen Verein angewendet wurde (ecolex 1999, 31).

Ihre freundliche Benotung meiner Leistungen und ihre freundliche Unterstützung mit Empfehlungsschreiben trugen auch wesentlich dazu bei, dass ich die Möglichkeit hatte, als Assistent am Institut für Internationales Steuerrecht der Wirtschaftsuniversität Wien bei *Wolfgang Gassner* und *Michael Lang* zu arbeiten und zu lernen, und dass ich zum Master-Studium an der New York University School of Law zugelassen wurde, wo ich zur US-amerikanischen Variante des Eigenkapitalersatzrechts forschen durfte (siehe hiezu 17.2.).

Markus Dellinger präsentierte in *Heinz Krejcis* Doktorandenseminar, das ich als junger Magister auf der Suche nach einem Dissertationsthema besuchte, seine Idee zur Auslegung des § 27 URG und überließ mir seine Idee in großzügiger Selbstlosigkeit als Thema für meine Dissertation, die sodann im Linde Verlag publiziert wurde und nach anfangs schleppendem Verkaufserfolg rasch ausverkauft war, nachdem sich der OGH seiner Idee, die ich lediglich als Dissertation vertieft hatte, anschloss (Geschäftsführerhaftung und URG, 1999; siehe auch 6 Ob 269/05k).

Ich bin *Heinz Krejci, Gerhard Saria* und *Markus Dellinger* unendlich dankbar.

Meinem Berufskollegen **RA *Dr. Klemens Dallinger*** gebührt mein Dank, weil er mich überhaupt erst auf die Idee brachte, dieses Büchlein zu verfassen. Nachdem ich im Jahr 2020 bei der ARS-Jahrestagung Insolvenzrecht in Brandlhof in Saalfelden einen Vortrag mit einem Überblick zum Verbot der Einlagenrückgewähr gehalten hatte, kam *Klemens Dallinger* auf mich zu und sagte mit der Vortragsunterlage in der Hand, dass er damit jetzt einen brauchbaren Überblick über das Thema in der Hand habe. Er brachte mich damit auf die Idee, diesen Überblick auszubauen und das nun vorliegende Werk zu verfassen. Ohne *Klemens Dallingers* freundliche Bemerkung hätte ich dieses Büchlein wahrscheinlich nie verfasst.

Meinem Ausbildungsanwalt **RA *Dr. Florian Gehmacher*** danke ich für seine Engelsgeduld und seine Güte. Er lehrte mich als Jurist und auch als Mensch viel. Er sagte stets: „*Wir sind klug genug, alles zu verstehen, wenn man es uns erklärt. Wenn man uns etwas nicht erklären kann, stimmt es nicht.*" Darin steckt viel Weisheit und letztlich auch Bescheidenheit. Er zögerte nie zu sagen „*Entschuldigung, aber ich versteh's nicht*" und gab sich damit keine Blöße. Das ist einerseits ein Schlüssel zu stetigem Lernen und andererseits eine enorm schlagkräftige Waffe in juristischen Auseinandersetzungen, er stellte damit „Schwafler" bloß. *Florian Gehmacher* lehrte mich, wie das Kind in *Hans Christian Andersens* „Des Kaisers neue Kleider" keine Scheu vor dem Aussprechen und dem Verwenden der Wahrheit zu haben. Viele Großinsolvenzen wären zu vermeiden gewesen, wenn die Investoren, Aufsichtsorgane und Abschlussprüfer etc entsprechend gehandelt hätten, anstatt sich blenden zu lassen oder den Kopf in den Sand zu stecken.

Meinem hervorragenden Rechtsanwaltsanwärter ***Mag. Paul-Traian Iagar-Rotar*** und ***Reinhard Spindler, LLB***, danke ich für wertvolle Hinweise zum Manuskript.

RA[in] ***Dr.***[in] ***Susanne Fruhstorfer***, **RA *Mag. Norbert Abel*** und **RA *Dr. Christof Stapf***, die mich in von ihnen verwalteten Insolvenzen als (besonderen) Insolvenzverwalter vorschlugen, sowie allen Insolvenzrichterinnen und -richtern und allen Rechtspflegerinnen und Rechtspflegern, die mich als Insolvenz- und Exekutionsverwalter bestellten und bestellen, danke ich herzlich für ihr Vertrauen.

Vor allem aber danke ich **meinem Vater, *Dr. Bernd Wagner***, der mich früh für die Unternehmerwelt und die Juristerei begeisterte und mir, seit ich denken kann, ein großes Vorbild ist. Er ermöglichte mir ein völlig unbeschwertes Studentenleben in Innsbruck, Wien und New York und unterstützte meine ersten Schritte als Wirtschaftsanwalt.

Last, but not least danke ich auch dem **Linde Verlag**, der abermals das Risiko auf sich nahm, ein von mir verfasstes Büchlein zu publizieren.

Wien, im August 2025 *Raoul Wagner*

Abkürzungsverzeichnis

ABGB	Allgemeines bürgerliches Gesetzbuch
Abs	Absatz
bspw	beispielsweise
bzw	beziehungsweise
ca	circa
dh	das heißt
ErwGr	Erwägungsgrund
etc	et cetera
f	folgende
ff	fortfolgende
gem	gemäß
hA	herrschende Ansicht
idF	in der Fassung
idR	in der Regel
insb	insbesondere
iVm	in Verbindung mit
mE	meines Erachtens
mind	mindestens
oÄ	oder Ähnliches
OGH	Oberster Gerichtshof
RIS	Rechtsinformationssystem des Bundes
Rsp	Rechtsprechung
Rz	Randziffer
S	Seite
sog	sogenannte/s
ua	unter anderem
udgl	und dergleichen
usw	und so weiter
uvm	und vieles mehr
vgl	vergleiche
VwGh	Verwaltungsgerichtshof
Z	Ziffer
zB	zum Beispiel

1. „Eselsbrücke" mit fünf Thesen

Wenn man das Prinzip des Verbots der Einlagenrückgewähr einmal verstanden hat, ist eigentlich alles ganz einfach. **Es ist wie mit der Gravitation: Nichts geht nach oben, auch nicht über einen seitlichen Umweg.** Unter Zugrundelegung der folgenden fünf Thesen kann man im Wesentlichen jede Frage zur verbotenen Einlagenrückgewähr lösen:

I. Das Vermögen der Kapitalgesellschaft (GmbH, AG etc) gehört nicht dem Gesellschafter.
II. Dem Gesellschafter der Kapitalgesellschaft gehört das Haftungsprivileg.
III. Das Vermögen der Kapitalgesellschaft ist das Pfand, welches der Gesellschafter den Gläubigern als Sicherheit für das Haftungsprivileg gibt.
IV. Der Geschäftsführer der Kapitalgesellschaft ist der Treuhänder der Gläubiger und verwaltet das Pfand (Gesellschaftsvermögen).
V. Daher darf kein Gesellschaftsvermögen direkt oder indirekt zulasten des Pfandes (Haftungsfonds Gesellschaftsvermögen) an den Gesellschafter übertragen werden.

2. Auf den Punkt gebracht

Grob zusammengefasst **verbietet** das Verbot der Einlagenrückgewähr **jede mittelbare und unmittelbare Leistung an Gesellschafter ohne gleichwertige Gegenleistung** (Drittvergleich, vgl RS0105532), mit lediglich **drei Ausnahmen**[1], **nämlich**

- *festgestellter* Bilanzgewinn, sofern nicht von Verteilung ausgeschlossen,
- Fälle betrieblicher Rechtfertigung (äußerst selten) und
- gesetzliche Ausnahmen, wie zB Kapitalherabsetzung (ebenfalls selten)

bei umfassender wirtschaftlicher Betrachtungsweise.

3. Gesetzliche Bestimmungen (GmbHG, AktG)

Das Verbot der Einlagenrückgewähr ist eine Kernbestimmung des Gläubigerschutzes. Es ist im GmbHG und im AktG wie folgt relativ schlank geregelt:

§ 82 GmbHG

(1) Die Gesellschafter können ihre Stammeinlage nicht zurückfordern; sie haben, solange die Gesellschaft besteht, nur Anspruch auf den nach dem Jahresabschluß als Überschuß der Aktiven über die Passiven sich ergebenden Bilanzgewinn, soweit dieser nicht aus dem Gesellschaftsvertrag oder durch einen Beschluß der Gesellschafter von der Verteilung ausgeschlossen ist.

---

1 Zusammenfassend siehe zB 6 Ob 110/12p.

(2) Die Verteilung des Bilanzgewinns erfolgt in Ermangelung besonderer Bestimmungen des Gesellschaftsvertrages nach Verhältnis der eingezahlten Stammeinlagen.

(3) Zinsen von bestimmter Höhe dürfen für die Gesellschafter weder bedungen noch ausbezahlt werden.

(4) Für wiederkehrende Leistungen, zu denen die Gesellschafter nach dem Gesellschaftsvertrage neben den Stammeinlagen verpflichtet sind (§ 8), darf nach Maßgabe der im Gesellschaftsvertrage festgesetzten Bemessungsgrundsätze eine den Wert dieser Leistungen nicht übersteigende Vergütung ohne Rücksicht darauf bezahlt werden, ob der Jahresabschluß einen Reingewinn ergibt.

(5) Wird den Geschäftsführern oder dem Aufsichtsrate in der Zeit zwischen dem Schlusse des Geschäftsjahres und der Beschlußfassung der Gesellschafter über den Jahresabschluß bekannt, daß der Vermögensstand der Gesellschaft durch eingetretene Verluste oder Wertverminderungen erheblich und voraussichtlich nicht bloß vorübergehend geschmälert worden ist, so ist der nach der Bilanz sich ergebende Gewinn in einem der erlittenen Schmälerung des Vermögens entsprechenden Betrage von der Verteilung ausgeschlossen und auf Rechnung des laufenden Geschäftsjahres zu übertragen.

§ 83 GmbHG

(1) Gesellschafter, zu deren Gunsten gegen die Vorschriften dieses Gesetzes, gegen die Bestimmungen des Gesellschaftsvertrages oder entgegen einem Gesellschaftsbeschlusse Zahlungen von der Gesellschaft geleistet worden sind, sind der Gesellschaft zum Rückersatze verpflichtet. Was ein Gesellschafter in gutem Glauben als Gewinnanteil bezogen hat, kann er jedoch in keinem Falle zurückzuzahlen verhalten werden.

(2) Ist die Erstattung weder von dem Empfänger noch von den Geschäftsführern zu erlangen, so haften, insoweit durch die Zahlung das Stammkapital vermindert ist, für den Abgang am Stammkapitale die Gesellschafter nach Verhältnis ihrer Stammeinlagen.

(3) Beiträge, die von einzelnen Gesellschaftern nicht zu erlangen sind, werden nach dem bezeichneten Verhältnisse auf die übrigen verteilt.

(4) Zahlungen, die auf Grund der vorstehenden Bestimmungen zu leisten sind, können den Verpflichteten weder ganz noch teilweise erlassen werden.

(5) Die Ansprüche der Gesellschaft verjähren in fünf Jahren, sofern sie nicht beweist, daß der Ersatzpflichtige die Widerrechtlichkeit der Zahlung kannte.

§ 52 AktG

Keine Rückgewähr der Einlagen

Den Aktionären dürfen die Einlagen nicht zurückgewährt werden; sie haben, solange die Gesellschaft besteht, nur Anspruch auf den Bilanzgewinn, der sich aus der Jahresbilanz ergibt, soweit er nicht nach Gesetz oder Satzung von der Verteilung ausgeschlossen ist. Als Rückgewähr von Einlagen gilt nicht die Zahlung des Erwerbspreises beim zulässigen Erwerb eigener Aktien (§§ 65, 66).

Für die Haftung der Geschäftsführer und Vorstände sind folgende Bestimmungen relevant (auch Aufsichtsräte können wegen verbotener Einlagenrückgewähr haften, siehe 18.11.):

§ 25 GmbHG

(1) Die Geschäftsführer sind der Gesellschaft gegenüber verpflichtet, bei ihrer Geschäftsführung die Sorgfalt eines ordentlichen Geschäftsmannes anzuwenden.

(1a) Ein Geschäftsführer handelt jedenfalls im Einklang mit der Sorgfalt eines ordentlichen Geschäftsmannes, wenn er sich bei einer unternehmerischen Entscheidung nicht von sachfremden Interessen leiten lässt und auf der Grundlage angemessener Information annehmen darf, zum Wohle der Gesellschaft zu handeln.

(2) Geschäftsführer, die ihre Obliegenheiten verletzen, haften der Gesellschaft zur ungeteilten Hand für den daraus entstandenen Schaden.

(3) Insbesondere sind sie zum Ersatze verpflichtet, wenn

1. gegen die Vorschriften dieses Gesetzes oder des Gesellschaftsvertrages Gesellschaftsvermögen verteilt wird, namentlich Stammeinlagen oder Nachschüsse an Gesellschafter gänzlich oder teilweise zurückgegeben, Zinsen oder Gewinnanteile ausgezahlt, für die Gesellschaft eigene Geschäftsanteile erworben, zum Pfande genommen oder eingezogen werden;
2. nach dem Zeitpunkte, in dem sie die Eröffnung des Insolvenzverfahrens zu begehren verpflichtet waren, Zahlungen geleistet werden.

(4) Ein Geschäftsführer haftet der Gesellschaft auch für den ihr aus einem Rechtsgeschäfte erwachsenen Schaden, das er mit ihr im eigenen oder fremden Namen abgeschlossen hat, ohne vorher die Zustimmung des Aufsichtsrates oder, wenn kein Aufsichtsrat besteht, sämtlicher übriger Geschäftsführer erwirkt zu haben.

(5) Soweit der Ersatz zur Befriedigung der Gläubiger erforderlich ist, wird die Verpflichtung der Geschäftsführer dadurch nicht aufgehoben, daß sie in Befolgung eines Beschlusses der Gesellschafter gehandelt haben.

(6) Die Ersatzansprüche verjähren in fünf Jahren.

(7) Auf diese Ersatzansprüche finden die Bestimmungen des § 10, Absatz 6, Anwendung.

§ 84 AktG

Sorgfaltspflicht und Verantwortlichkeit der Vorstandsmitglieder

(1) Die Vorstandsmitglieder haben bei ihrer Geschäftsführung die Sorgfalt eines ordentlichen und gewissenhaften Geschäftsleiters anzuwenden. Über vertrauliche Angaben haben sie Stillschweigen zu bewahren.

(1a) Ein Vorstandsmitglied handelt jedenfalls im Einklang mit der Sorgfalt eines ordentlichen und gewissenhaften Geschäftsleiters, wenn er sich bei einer unternehmerischen Entscheidung nicht von sachfremden Interessen leiten lässt und auf der Grundlage angemessener Information annehmen darf, zum Wohle der Gesellschaft zu handeln.

(2) Vorstandsmitglieder, die ihre Obliegenheiten verletzen, sind der Gesellschaft zum Ersatz des daraus entstehenden Schadens als Gesamtschuldner verpflichtet. Sie können sich von der Schadenersatzpflicht durch den Gegenbeweis befreien, daß sie die Sorgfalt eines ordentlichen und gewissenhaften Geschäftsleiters angewendet haben.

(3) Die Vorstandsmitglieder sind namentlich zum Ersatz verpflichtet, wenn entgegen diesem Bundesgesetz

1. Einlagen an die Aktionäre zurückgewährt,
2. den Aktionären Zinsen oder Gewinnanteile gezahlt,

3. eigene Aktien der Gesellschaft oder einer anderen Gesellschaft gezeichnet, erworben, als Pfand genommen oder eingezogen werden,
4. Aktien vor der vollen Leistung des Ausgabebetrags ausgegeben werden,
5. Gesellschaftsvermögen verteilt wird,
6. Zahlungen geleistet werden, nachdem die Zahlungsunfähigkeit der Gesellschaft eingetreten ist oder sich ihre Überschuldung ergeben hat; dies gilt nicht von Zahlungen, die auch nach diesem Zeitpunkt mit der Sorgfalt eines ordentlichen und gewissenhaften Geschäftsleiters vereinbar sind,
7. Kredit gewährt wird,
8. bei der bedingten Kapitalerhöhung außerhalb des festgesetzten Zwecks oder vor der vollen Leistung des Gegenwerts Bezugsaktien ausgegeben werden.

(4) Der Gesellschaft gegenüber tritt die Ersatzpflicht nicht ein, wenn die Handlung auf einem gesetzmäßigen Beschluß der Hauptversammlung beruht. Dadurch, daß der Aufsichtsrat die Handlung gebilligt hat, wird die Ersatzpflicht nicht ausgeschlossen. Die Gesellschaft kann erst nach fünf Jahren seit der Entstehung des Anspruchs und nur dann auf Ersatzansprüche verzichten oder sich darüber vergleichen, wenn die Hauptversammlung zustimmt und nicht eine Minderheit, deren Anteile zwanzig vom Hundert des Grundkapitals erreichen, widerspricht. Die zeitliche Beschränkung gilt nicht, wenn der Ersatzpflichtige zahlungsunfähig oder überschuldet ist und sich zur Überwindung der Zahlungsunfähigkeit oder Überschuldung mit seinen Gläubigern vergleicht.

(5) Der Ersatzanspruch der Gesellschaft kann auch von den Gläubigern der Gesellschaft geltend gemacht werden, soweit sie von dieser keine Befriedigung erlangen können. Dies gilt jedoch in anderen Fällen als denen des Abs. 3 nur dann, wenn die Vorstandsmitglieder die Sorgfalt eines ordentlichen und gewissenhaften Geschäftsleiters gröblich verletzt haben; Abs. 2 Satz 2 gilt sinngemäß. Den Gläubigern gegenüber wird die Ersatzpflicht weder durch einen Verzicht oder Vergleich der Gesellschaft noch dadurch aufgehoben, daß die Handlung auf einem Beschluß der Hauptversammlung beruht oder der Aufsichtsrat die Handlung gebilligt hat. Ist über das Vermögen der Gesellschaft das Insolvenzverfahren eröffnet, so übt während dessen Dauer der Masse- oder Sanierungsverwalter das Recht der Gläubiger gegen die Vorstandsmitglieder aus.

(6) Die Ansprüche aus diesen Vorschriften verjähren in fünf Jahren.

4. Terminologie verbotene/verdeckte Einlagenrückgewähr

Insbesondere der OGH schreibt manchmal auch von „verdeckter“ Einlagenrückgewähr. Damit ist nichts anderes als verbotene Einlagenrückgewähr gemeint, die nicht ohne Weiteres als solche erkennbar ist. Offene Einlagenrückgewähr ist zB eine direkte Zuwendung an einen Gesellschafter ohne Gegenleistung. Verdeckte Einlagenrückgewähr ist jeder Vermögenstransfer, der über den ausgeschütteten Bilanzgewinn hinausgeht und einen Gesellschafter wegen seiner Gesellschafterstellung bevorzugt, wie zB überhöhtes Geschäftsführergehalt, nicht fremdübliche Kaufpreise oder Mieten, unbesicherte Darlehen, die Bestellung von Sicherheiten zugunsten eines Gesellschafters, die Anstellung von Familienmitgliedern ohne tatsächliche Leistung für die Gesellschaft etc.

5. Vorab: Zusammenfassung des Verbots der Einlagenrückgewähr

Das Verbot der Einlagenrückgewähr ist in § 52 AktG für Aktiengesellschaften und in § 82 GmbHG für Gesellschaften mbH geregelt. Es verbietet im Prinzip jede Zuwendung der Gesellschaft an die Gesellschafter, die nicht Gewinnverwendung ist, und schützt damit das gesamte Gesellschaftsvermögen und nicht nur den dem Stammkapital entsprechenden Teil (anders in Deutschland).[2] Das Verbot der Einlagenrückgewähr ist primär eine Gläubigerschutzvorschrift.[3] § 82 GmbHG verbietet wegen seines gläubigerschützenden Normzwecks auch Vermögensverschiebungen zugunsten des einzigen Gesellschafters.[4]

Damit bewirkt § 82 GmbHG eine umfassende Bindung des gesamten Vermögens der GmbH.[5] Die Kapitalerhaltungsvorschriften sollen nach ihrem Sinn und Zweck jede (unmittelbare oder mittelbare) Leistung an einen Gesellschafter erfassen, der keine gleichwertige Gegenleistung gegenübersteht und die wirtschaftlich das Vermögen verringert.[6] Der Normzweck der §§ 82 f GmbHG ist auf Erhaltung und Wiederherstellung des Gesellschaftsvermögens gerichtet[7] und liegt darin, der Gesellschaft das ihr entzogene Kapital alsbald wieder zu verschaffen.[8]

Die Kapitalerhaltungsvorschriften sollen nach ihrem Sinn und Zweck jede (unmittelbare oder mittelbare) Leistung an einen Gesellschafter erfassen, der keine gleichwertige Gegenleistung gegenübersteht und die wirtschaftlich das Vermögen der Gesellschaft verringert. Darunter fallen Zuwendungen oder Vergünstigungen aller Art, ohne Rücksicht darauf, ob sie in der Handelsbilanz der Gesellschaft mit beschränkter Haftung (oder des Gesellschafters) einen Niederschlag finden.[9]

Der Zweck des Verbots der Einlagenrückgewähr ist es, das Stammkapital als *„dauernden Grundstock der Gesellschaft"* und als einziges *„dem Zugriffe der Gläubiger freigegebenes Befriedigungsobjekt"* gegen Schmälerung durch Leistung an die Gesellschafter abzusichern. Im Gegensatz zu § 30 dGmbHG verbietet § 82 GmbHG im Prinzip jede Zuwendung der Gesellschaft an die Gesellschafter, die nicht Gewinnverwendung ist; § 30 dGmbHG begnügt sich hingegen mit dem Schutz des dem Stammkapital entsprechenden Vermögens.[10]

2 RS0105518.
3 RS0105518 (T10).
4 RS0105518 (T19).
5 6 Ob 26/21y.
6 RS0105532.
7 RS0105518 (T12).
8 RS0130869.
9 Siehe zB RS0105532; OGH 4 Ob 2078/96h; 4 Ob 2328/96y; 6 Ob 4/99b; 6 Ob 288/99t; 1 Ob 141/02w; 3 Ob 287/02f; 6 Ob 271/05d; 7 Ob 142/07v; 6 Ob 226/09t; 6 Ob 132/10w; 7 Ob 35/10p; 6 Ob 33/11p; 6 Ob 110/12p; 8 Ob 20/13v; 6 Ob 171/15p; 6 Ob 72/16f; 6 Ob 232/16k; 9 ObA 69/16m; 6 Ob 240/16m; 6 Ob 114/17h; 6 Ob 204/16t; 6 Ob 161/17w; 6 Ob 199/17h; 6 Ob 128/17t; 6 Ob 195/18x; 8 Ob A53/18d; 6 Ob 13/20k.
10 Siehe zB RS0105532 (T2); 1 Ob 141/02w.

Nach § 83 Abs 1 GmbHG begründet eine nach § 82 GmbHG unzulässige Leistung an den Gesellschafter einen Rückersatzanspruch der Gesellschaft.[11] Bei der Beurteilung der Rechtsfolgen einer verbotenen Einlagenrückgewähr ist immer der Verbotszweck maßgeblich. Der Anspruch aus Einlagenrückgewähr gemäß § 83 GmbHG ist ein eigenständiger (kapital-)gesellschaftsrechtlicher Anspruch, der mit dem Rückforderungsanspruch nach allgemeinem Bereicherungsrecht konkurriert.[12] Die Kapitalerhaltungsregeln dienen in erster Linie dem Schutz der Gesellschaft.[13] § 83 GmbHG soll ergänzend sicherstellen, dass Vermögenswerte der Gesellschaft, auch wenn diese die Höhe des nominellen Stammkapitals übersteigen, den Gläubigern der Gesellschaft ungeschmälert erhalten bleiben.[14]

Unzulässig ist jeder Vermögenstransfer von der Gesellschaft zum Gesellschafter in Vertragsform oder auf andere Weise, die den Gesellschafter aufgrund des Gesellschaftsverhältnisses zulasten des gemeinsamen Sondervermögens bevorteilt,[15] ausgenommen solche in Erfüllung des Dividendenanspruchs (Gewinnverwendung) und sonstiger gesetzlich zugelassener Ausnahmefälle sowie Leistungen auf der Grundlage fremdüblicher Austauschgeschäfte.[16] Für die Beurteilung der Fremdüblichkeit kommt es darauf an, ob das Geschäft einem Fremdvergleich standhält, das heißt, ob es auch dann so geschlossen worden wäre, wenn kein Gesellschafter oder keine dem Gesellschafter nahestehende Person daraus einen Vorteil zöge.[17]

Es kommt für diese Beurteilung nicht darauf an, ob bei Abschluss der Vereinbarung mit einer tatsächlichen Inanspruchnahme und damit einem Vermögenstransfer zu rechnen war oder es in der Folge dazu kommt, weil bereits die Bestellung der Sicherheit eine vermögenswerte Leistung darstellt.[18] Es genügt, wenn durch Rechtsgeschäfte zwischen Gesellschaft und Gesellschafter oder auch zwischen diesen und Dritten dem Gesellschafter indirekt ein Vorteil zukommt, der für die Gesellschaft gleichzeitig ein Nachteil ist.[19]

Auch Sicherstellungen und die Anschaffung und bloße Überlassung von Betriebsvermögen zum Nutzen eines Gesellschafters sind, wenn kein angemessenes, fremdübliches Entgelt geleistet wurde,[20] als verdeckte Einlagenrückgewähr anzusehen.[21]

Selbst wenn die Leistung aus dem Bilanzgewinn oder den freien Rücklagen vorgenommen werden könnte, ist sie verboten, wenn sie nicht ausdrücklich als Ge-

---

11 RS0123863; 6 Ob 207/20i; RS0133531.
12 RS0128167.
13 3 Ob 167/16d mwN.
14 6 Ob 114/17h mwN.
15 RS0105540 (T6).
16 6 Ob 161/17w; 6 Ob 128/17t.
17 RS0105540 (T1); RS0120438.
18 6 Ob 232/16k.
19 RS0105532 (T21).
20 6 Ob 195/18x.
21 8 ObA 53/18d.

winnausschüttung deklariert wird.[22] Der Gesellschafter ist für die Gleichwertigkeit seiner Gegenleistungen bei *prima facie* bestehendem Verdacht der Einlagenrückgewähr behauptungs- und beweispflichtig.[23]

Ein Geschäft, das gegen das Verbot der Einlagenrückgewähr verstößt, ist nach § 879 Abs 1 ABGB absolut nichtig.[24] Auf die absolute Nichtigkeit gemäß § 879 ABGB kann sich jedermann berufen, ohne dass es einer besonderen Anfechtung bedürfte.[25] Die absolute Nichtigkeit wirkt *ex tunc*,[26] sie bewirkt also, dass der Vertrag jedenfalls von Anfang an unwirksam war.[27]

Der Tatbestand der verbotenen Einlagenrückgewähr nach § 82 Abs 1 GmbHG enthält keine subjektiven Tatbestandsmerkmale.[28] War Empfänger der Leistung ein Gesellschafter, so spielt der gute Glaube nur eine Rolle, soweit es sich um den Bezug von Gewinnanteilen handelt.[29]

Verboten sind auch – bei wirtschaftlicher Betrachtungsweise – auf Veranlassung eines Gesellschafters vorgenommene Zuwendungen der Gesellschaft an einen dem Gesellschafter nahestehenden „unechten" Dritten, so etwa nahe Angehörige, zumal die Zuwendungen dann wirtschaftlich gesehen dem Gesellschafter selbst zukommen.[30] Dies gilt jedenfalls für den Ehegatten des Gesellschafters.[31] Neben dem (unmittelbaren) Gesellschafter sind nach der Rechtsprechung sowohl der Treugeber[32] des Gesellschafters als auch der mittelbare Gesellschafter[33] Adressaten des Verbots der Einlagenrückgewähr.

Der Rückforderungsanspruch nach § 83 GmbHG steht der Gesellschaft, nicht einzelnen Gesellschaftern zu.[34] Der Anspruch richtet sich in erster Linie gegen den Gesellschafter, der die verbotene Leistung empfangen hat.[35] Auch wenn der Gesellschafter seinen Gesellschaftsanteil nach Erhalt der Leistung überträgt, besteht seine Haftung weiter fort. Der ehemalige Gesellschafter kann weiterhin in Anspruch genommen werden; die Erstattungsverpflichtung geht also nicht auf den Anteilserwerber über.[36]

---

22 6 Ob 26/21y mwN.
23 RS0105532 (T26).
24 RS0117033 (T2); RS0105535.
25 RS0016432.
26 RS0038454; 6 Ob 132/10w.
27 6 Ob 39/03h.
28 RS0105532 (T14).
29 § 83 Abs 1 Satz 2 GmbHG; vgl 6 Ob 114/17h.
30 6 Ob 31/22k ErwGr 5.1.2; 6 Ob 114/17h ErwGr 1.3.
31 6 Ob 195/18x ErwGr 2.2 mwN.
32 1 Ob 719/78.
33 6 Ob 21/20m.
34 6 Ob 41/18z.
35 RS0105536.
36 *Bauer/Zehetner* in *Straube/Ratka/Rauter*, WK GmbHG § 83 Rz 17; *Koppensteiner* in *Koppensteiner/Rüffler*, GmbH-Gesetz[3] § 83 Rz 6 je mwN; vgl 6 Ob 132/10w.

Der Gewinn einer GmbH darf nicht vor Feststellung des Jahresabschlusses und dem damit verbundenen Gewinnverteilungsbeschluss ausgeschüttet werden; Vorauszahlungen auf künftige Gewinnansprüche sind unzulässig.[37] Ungebundenes Vermögen darf nicht jederzeit und regellos, sondern nur auf Grundlage eines gültigen Jahresabschlusses nach Fassung eines Gewinnverteilungsbeschlusses entnommen werden.[38]

6. Unterschied zur deutschen Regelung: Schutz des gesamten Vermögens

Zweck der Bestimmung des § 82 Abs 1 GmbHG ist es, das Stammkapital als *„dauernden Grundstock der Gesellschaft"* und als einziges *„dem Zugriffe der Gläubiger freigegebenes Befriedigungsobjekt"* gegen Schmälerung durch Leistung an die Gesellschafter abzusichern.[39] Im Gegensatz zu § 30 dGmbHG verbietet § 82 GmbHG im Prinzip jede Zuwendung der Gesellschaft an die Gesellschafter, die nicht Gewinnverwendung ist, und schützt somit das gesamte Gesellschaftsvermögen und nicht nur den dem Stammkapital entsprechenden Teil; § 30 dGmbHG begnügt sich hingegen mit dem Schutz des dem Stammkapital entsprechenden Vermögens.[40]

Auch die zu § 30 dGmbHG vertretene Ansicht, das verbotswidrige Geschäft sei nicht nichtig, sondern der einem verbotswidrigen Geschäft zugrunde liegende Gesellschafterbeschluss sei nur unvollziehbar, hängt damit zusammen, dass § 30 dGmbHG das Gesellschaftsvermögen nur in Höhe des Stammkapitals schützt.[41]

7. Rückerstattungsanspruch, sofortige Fälligkeit, Umfang

§ 83 Abs 1 GmbHG verpflichtet Gesellschafter, die als verbotene Einlagenrückgewähr zu qualifizierende Leistungen erhalten haben, zum Rückersatz. Der Rückerstattungsanspruch kennt keine subjektiven Tatbestandsmerkmale (siehe 18.2.). Guter Glaube ist nur bei vermeintlichem Gewinnbezug relevant (siehe 18.3.).

Der Anspruch aus Einlagenrückgewähr gemäß § 83 GmbHG ist ein eigenständiger (kapital-)gesellschaftsrechtlicher Anspruch, der mit dem Rückforderungsanspruch nach allgemeinem Bereicherungsrecht konkurriert.[42] Der Zweck der Bestimmung liegt darin, der Gesellschaft das ihr entzogene Kapital alsbald wieder zu

37 RS0105518 (T13, T14).
38 RS0105518 (T15).
39 236 BlgHH 17. Sess 88, siehe RS0105518.
40 RS0105518.
41 4 Ob 2078/96h mit ausführlicher Literaturdarstellung; RS0105535.
42 RS0128167.

verschaffen.[43] Die Kapitalerhaltungsregeln dienen in erster Linie dem Schutz der Gesellschaft (Schutzgesetz).[44] § 83 GmbHG soll ergänzend sicherstellen, dass **Vermögenswerte der Gesellschaft, auch wenn diese die Höhe des nominellen Stammkapitals übersteigen**, den Gläubigern der Gesellschaft **ungeschmälert erhalten bleiben**.[45]

Die Gesellschaft hat aus dem Titel der verbotenen Einlagenrückgewähr nur Anspruch auf das, was ihr entzogen wurde, nicht zB auf das, was damit angeschafft wurde (kein deckungsgleiches Surrogat des Rückforderungsanspruchs).[46]

Insbesondere aus dem Umstand, dass gegen das Verbot der Einlagenrückgewähr verstoßende Geschäfte *ex tunc* absolut nichtig sind (siehe 14.1.), folgt die **sofortige Fälligkeit des Rückersatzanspruchs**.

8. GmbH & Co KG etc

Nach ständiger Rechtsprechung sind, wenn bei einer Kommanditgesellschaft kein unbeschränkt haftender Gesellschafter eine natürliche Person ist (kapitalistische Personengesellschaft), die Vorschriften über das Verbot der Einlagenrückgewähr gemäß § 82 Abs 1 und § 83 Abs 1 GmbHG auf die Kommanditgesellschaft im Verhältnis zu ihren Kommanditisten analog anzuwenden (siehe auch 18.12. und dortige Darstellung der Rsp und Lit zur Anwaltshaftung in diesem Zusammenhang).[47] Die Änderungen im Rechnungslegungsrecht mit dem RÄG 2014 (BGBl I 2015/22) bedeuten keine Ablehnung jener Judikatur durch den Gesetzgeber.[48]

Der Rückersatzanspruch gemäß § 83 Abs 1 GmbHG steht dabei der Kommanditgesellschaft zu.[49] Bei einer Aktiengesellschaft & Co KG gelten die gleichen Grundsätze, weil die Regelungen des Aktien- und des GmbH-Rechts über die Einlagenrückgewähr weitgehend ident sind.[50]

Nach ebenso gefestigter Judikatur sind die Kapitalerhaltungsvorschriften der §§ 82 ff GmbHG in einem derartigen Fall auf Zuwendungen an die **Gesellschafter der Komplementär-GmbH**, aber **auch** auf solche an **„Nur-Kommanditisten"** analog anzuwenden.[51] Die Rechtsprechung wendet die Kapitalerhaltungsvorschriften außerdem auf Zuwendungen der Kommanditgesellschaft an Ge-

43 RS0130869.
44 3 Ob 167/16d.
45 6 Ob 114/17h.
46 Vgl 8 Ob 98/21a.
47 6 Ob 61/21w ErwGr 1.1; RS0123863; eingehend *Karollus*, Einlagenrückgewähr in der verdeckten Kapitalgesellschaft, in *Artmann/Rüffler/Torggler*, Die GmbH & Co KG ieS nach OGH 2 Ob 225/07p – eine Kapitalgesellschaft (2011) 31 ff.
48 6 Ob 198/15h ErwGr 4.2; RS0123863 (T4).
49 RS0123863.
50 RS0123863 T2.
51 6 Ob 61/21w ErwGr 1.2; 6 Ob 171/15p; 6 Ob 21/20m.

sellschafter der Komplementär-GmbH an, die gleichzeitig Kommanditisten der Kommanditgesellschaft sind.[52]

In Hinblick auf gelegentlich im Schrifttum geäußerte Zweifel[53] ist darauf hinzuweisen, dass die Entscheidung 2 Ob 225/07p sich zwar nur auf den Kommanditisten der GmbH & Co KG bezog, dass allerdings bereits die Entscheidung 6 Ob 171/15p ausdrücklich ausgesprochen hat, dass jede Zuwendung der Kommanditgesellschaft an ihre Gesellschafter, die nicht Gewinnverwendung ist, verboten ist.[54] Damit wurde in Einklang mit der herrschenden Auffassung im Schrifttum[55] klargestellt, dass auch Zuwendungen an Komplementäre verboten sind.[56]

Der Umstand, dass der Komplementär für Verbindlichkeiten der Kommanditgesellschaft ohnedies unbeschränkt haftet, steht dem nicht entgegen.[57] Wenngleich die Anwendung des Verbots der Einlagenrückgewähr auf den Komplementär der GmbH & Co KG in aller Regel im Verhältnis zum Komplementär nur zur Folge hätte, dass ein Rückzahlungsanspruch der Gesellschaft nach § 83 GmbHG neben die den Komplementär ohnedies treffende umfassende persönliche Haftung gegenüber den Gesellschaftsgläubigern nach § 161 iVm § 128 UGB träte, **richtet sich das diesbezügliche Verbot ja auch an die GmbH & Co KG selbst** sowie ihre Organe, sodass bei einem Verstoß Schadenersatzansprüche der GmbH & Co KG in Betracht kommen.[58] Hier ist zu bedenken, dass der Komplementär auch andere Gläubiger haben kann als die Kommanditgesellschaft, sodass es keineswegs unerheblich ist, in welcher Masse sich die Mittel befinden.[59] Ebenso wäre denkbar, dass die Komplementärin die ihr zugewendeten Vermögenswerte im Wege von Gewinnausschüttungen an ihre Gesellschafter weitergegeben hat und diese von dort nicht rückholbar sind.[60]

Bei einer GmbH & Co KG ist der Geschäftsführer der Komplementärgesellschaft der Kommanditgesellschaft für die Führung ihrer Geschäfte mit der im § 25 Abs 1 GmbHG umschriebenen Sorgfalt unmittelbar verantwortlich.[61]

52 6 Ob 198/15h; 6 Ob 21/20m.

53 Vgl etwa *Rüffler/Aburumieh/Lind* in *Jaufer/Nunner-Krautgasser/Schummer*, Kapitalaufbringung und Kapitalerhaltung (2016) 71 (76).

54 6 Ob 61/21w ErwGr 1.3.

55 Vgl *Jabornegg/Artmann* in *Jabornegg/Artmann*, UGB^2 § 161 Rz 55; *Grossmayer*, Kapitalerhaltung bei der GmbH & Co KG, ecolex 2008, 1023 (1025); *Harrer*, Vermögensbindung bei der GmbH & Co KG, wbl 2009, 328 (332 f); *Karollus*, Einlagenrückgewähr in der verdeckten Kapitalgesellschaft, in *Artmann/Rüffler/Torggler*, Die GmbH & Co KG ieS nach OGH 2 Ob 225/07p – eine Kapitalgesellschaft (2011) 53; *Reich-Rohrwig*, Kapitalerhaltung 407.

56 6 Ob 61/21w ErwGr 1.3 unter Verweis auf *Bergmann/Schörghofer*, GES 2017, 20 (21).

57 6 Ob 61/21w ErwGr 1.4.

58 6 Ob 61/21w ErwGr 1.4.

59 6 Ob 61/21w ErwGr 1.4 mit Verweis auf *Karollus*, Einlagenrückgewähr in der verdeckten Kapitalgesellschaft, in *Artmann/Rüffler/Torggler*, Die GmbH & Co KG ieS nach OGH 2 Ob 225/07p – eine Kapitalgesellschaft (2011) 53.

60 6 Ob 61/21w ErwGr 1.4 mit Verweis auf *Karollus*, Einlagenrückgewähr in der verdeckten Kapitalgesellschaft, in *Artmann/Rüffler/Torggler*, Die GmbH & Co KG ieS nach OGH 2 Ob 225/07p – eine Kapitalgesellschaft (2011) 54.

61 6 Ob 61/21w ErwGr 2.1; RS0059661; 6 Ob 189/19s.

Allerdings ist aus der Rechtsprechung zur Anwendung des Verbots der Einlagenrückgewähr der GmbH auf eine GmbH & Co KG ohne natürliche Person als Vollhafterin[62] nicht abzuleiten, dass aus Gläubigerschutzgründen auch die **Einbringung von Einlagen in eine GmbH & Co KG** zwingend schriftlich vereinbart werden müsse.[63] Der KG-Gesellschaftsvertrag für eine GmbH & Co KG kann weiterhin formfrei und konkludent abgeschlossen werden.[64] Auch eine analoge Anwendung des Regimes der Kapitalaufbringung der GmbH wird vom Schrifttum überwiegend abgelehnt.[65] Für den OGH ist nicht ersichtlich, auf welche Weise Gläubigerschutzinteressen beeinträchtigt würden, wenn für eine Einbringung *quoad usum* keine schriftliche Regelung im Gesellschaftsvertrag bestünde.[66] Abgesehen davon, dass der Gesellschaftsvertrag einer GmbH & Co KG nicht zum Firmenbuch angemeldet werden muss und daher nicht öffentlich einsehbar ist,[67] zählen Einlagen *quoad usum* gerade nicht zum Haftungsfonds der Gesellschaft, sodass die Gläubiger darauf ohnehin nicht greifen könnten.[68]

9. Wirtschaftliche Betrachtungsweise

Der OGH wendet in Hinblick auf verbotene Einlagenrückgewähr eine umfassende wirtschaftliche Betrachtungsweise an,[69] deren Ergebnis grundsätzlich einzelfallabhängig ist und die auch **kreativste Umgehungskonstruktionen zwecklos** macht. Unter das Verbot der Einlagenrückgewähr fallen nicht nur offene Barzahlungen an die Gesellschafter, sondern auch im Gewand anderer Rechtsgeschäfte erfolgte **verdeckte Leistungen**.[70] Nach der ständigen Rsp des OGH verbietet das Verbot der Einlagenrückgewähr jede Leistung der Gesellschaft an den Gesellschafter, die nicht als Gewinn ausgewiesen ist und die eine Vermögenseinbuße, also eine Minderung der Erwerbsaussichten oder eine Vermehrung der Risiken der Gesellschaft bewirkt.[71] Der OGH subsumiert dabei konsequent jede unmittelbare oder mittelbare Leistung oder Vergünstigung zum Vorteil eines Gesellschafters, der keine gleichwertige Gegenleistung gegenübersteht und die wirtschaftlich das Vermögen der Gesellschaft verringert, ohne Rücksicht darauf, ob sie in der Handelsbilanz der Gesellschaft (oder des Gesellschafters) einen Niederschlag fin-

62 2 Ob 225/07p; 6 Ob 171/15p; 6 Ob 161/17w.

63 6 Ob 5/18f ErwGr 4.1.

64 6 Ob 5/18f ErwGr 4.1 unter Verweis auf *N. Arnold*, Die GmbH & Co KG² (2016) 2 (7).

65 *U. Torggler*, GmbH & Co KG in Gründung, in GmbH & Co KG² (18, 26); *Ch. Nowotny*, Die GmbH & Co KG auf dem Weg zur Kapitalgesellschaft? RdW 2009, 326; *Artmann*, Kapitalaufbringung und Kapitalerhöhung, in *Artmann/Rüffler/U. Torggler*, Die GmbH & Co KG ieS nach 2 Ob 225/07 – eine Kapitalgesellschaft? (2011) 83 ff (91).

66 6 Ob 5/18f ErwGr 4.2.

67 6 Ob 5/18f ErwGr 4.2; *N. Arnold* in GmbH & Co KG², 2 (7).

68 6 Ob 5/18f ErwGr 4.2; *Sindelar* in *Zib/Dellinger*, UGB § 109 Rz 30.

69 RS0105532 (T11, T15).

70 RS0105540 (T3); 6 Ob 232/16k.

71 6 Ob 171/15p.

det, unter das Verbot der Einlagenrückgewähr.[72] Diese wirtschaftliche Betrachtungsweise des OGH wirkt sich konsequent auf die Beurteilung der vom Verbot der Einlagenrückgewähr umfassten Rechtshandlungen und Rechtsgeschäfte (Wertäquivalenz etc) einerseits und auf den von den Wirkungen des Verbots der Einlagenrückgewähr erfassten Personenkreis (Gesellschaftern nahestehende Dritte, siehe 18.4.) andererseits aus.

Die für die Beurteilung verbotener Einlagenrückgewähr gebotene wirtschaftliche Betrachtungsweise führt insbesondere zur gemeinsamen Beurteilung unterschiedlicher Verträge im Rahmen einer Gesamtbetrachtung (wie zB mehrere Kaufverträge und eine Aufrechnungsvereinbarung).[73]

10. Gesellschafterweisung wirkungslos

Nach § 25 Abs 1 GmbHG sind die Geschäftsführer der Gesellschaft gegenüber verpflichtet, bei ihrer Geschäftsführung die Sorgfalt eines ordentlichen Geschäftsmannes anzuwenden. Nach § 25 Abs 3 Z 1 GmbHG sind sie insbesondere zum Ersatz verpflichtet, wenn gegen die Vorschriften dieses Gesetzes oder des Gesellschaftsvertrags Gesellschaftsvermögen verteilt wird, namentlich Stammeinlagen oder Nachschüsse an Gesellschafter gänzlich oder teilweise zurückgegeben werden (diese Grundsätze gelten auch bei einer den Kapitalerhaltungsvorschriften unterliegenden Kommanditgesellschaft, siehe 8.).[74]

Am Verstoß gegen Gläubigerschutzbestimmungen und Kapitalerhaltungsvorschriften vermag die Zustimmung der Gesellschafter nichts zu ändern, lassen doch rechtswidrige Weisungsbeschlüsse die Haftung des Geschäftsführers unberührt, weil derartige Weisungen niemals verbindlich sind.[75] Die Kapitalerhaltungsvorschriften verbieten gerade die Rückgewähr von Vermögen der Gesellschaft an einen Gesellschafter; dass der Gesellschafter einer derartigen unzulässigen Auszahlung zustimmt oder diese sogar aktiv betreibt, ändert nichts an der Unzulässigkeit des Vorgangs.[76]

11. Vertretungsmacht irrelevant, weil nie gegeben

Um den Tatbestand der verbotenen Einlagenrückgewähr zu erfüllen, ist es nicht erforderlich, dass das Handeln eines Organs der Gesellschaft im Rahmen an sich rechtswirksamer Vertretung vorliegt.[77] Das ist deswegen der Fall, **weil verbotene**

72 Siehe zB RS0105532 und RS0105532 (T3).

73 Vgl 17 Ob 11/24b ErwGr 2.2; vgl RS0105532 (T15).

74 6 Ob 21/20m ErwGr 3.

75 6 Ob 21/20m ErwGr 4; 6 Ob 171/15p ErwGr 5.2 mit Verweis auf 3 Ob 287/02f; SZ 2003/133; *Koppensteiner/Rüffler*, GmbHG[3] § 25 Rz 17; *Reich-Rohrwig* in WK GmbHG (2015) § 25 Rz 191; *S.-F. Kraus/U. Torggler* in *U. Torggler*, GmbHG § 25 Rz 31; alle mwN.

76 6 Ob 21/20m ErwGr 4.

77 6 Ob 98/24s.

Einlagenrückgewähr immer Hand in Hand mit unwirksamer Vertretung geht.[78] Eine an sich wirksam bestehende Vertretungsbefugnis ist daher keine Voraussetzung für den Anspruch auf Rückgewähr.[79] Schließlich besteht der Rückgewähranspruch auch im Fall des erkennbaren Missbrauchs der Vertretungsmacht.[80]

Verbotene Einlagenrückgewähr kann daher dann vorliegen, wenn die Zuwendung des Vermögensguts der Gesellschaft an einen (unmittelbaren oder mittelbaren) Gesellschafter (oder einen unechten Dritten) auf dem Handeln *eines* lediglich *kollektivvertretungsbefugten* Geschäftsführers beruht.[81] **Wirksam vertreten ist eine Gesellschaft im Rahmen der verbotenen Einlagenrückgewähr nämlich tatsächlich nie.**[82] Die durch einen Verstoß gegen das Verbot der Einlagenrückgewähr *ex tunc* bewirkte[83] Nichtigkeit lässt einen solchen Vertrag oder ein solches Geschäft von Anfang an unwirksam sein (siehe 14.1.).[84] Der OGH judiziert ständig, dass das Verbot der Einlagenrückgewähr die Geschäftsführungsbefugnis der Geschäftsführer beschränkt und den Geschäftsführern für den Bereich der Einlagenrückgewähr bei Geschäften mit Gesellschaftern die Vertretungsmacht insoweit insgesamt fehlt, weil Geschäftsführer das Unternehmen im Rahmen der bestehenden gesetzlichen Vorschriften zu führen haben.[85] Damit stellte der OGH klar, dass es den Geschäftsführern für Geschäfte, in denen eine verbotene Einlagenrückgewähr liegt, immer an der Vertretungsmacht mangelt. In Wahrheit fehlt also (bei richtiger Betrachtung) jedem Geschäftsführer, unabhängig von der Art seiner Vertretungsbefugnis (Einzel- oder Gesamtvertretung), bei Abschluss des gegen das Verbot der Einlagenrückgewähr verstoßenden konkreten Geschäfts und der dies bewirkenden Handlung ausnahmslos die Geschäftsführungsbefugnis.

Für den Akt der Leistung selbst (etwa Zahlung oder Herausgabe eines Gegenstands) wird es im Übrigen im Regelfall gar nicht auf die wirksame rechtsgeschäftliche Vertretungsbefugnis ankommen, sondern bloß auf die bewusste Zuwendung eines offenkundig der Gesellschaft gehörigen Vermögensguts als Leistung der Gesellschaft.[86] Auch bei einer von einer Angestellten (die nicht Geschäftsführerin ist) namens der Gesellschaft irrtümlich überhöht veranlassten Überweisung vom Konto der Gesellschaft (wobei auch ein gesamtvertretungsbefugter Geschäftsführer häufig für das Geschäftskonto alleine zeichnungsberechtigt ist), läge eine Leistung der Gesellschaft vor.[87] Für eine Zurechnung der „Leistung" ist ausreichend, dass die faktisch stattgefundene Zuwendung des Vermögensguts einer Gesell-

78 6 Ob 98/24s.
79 6 Ob 98/24s.
80 Vgl 1 Ob 28/15x.
81 6 Ob 98/24s ErwGr II.1.1.
82 6 Ob 98/24s ErwGr II.1.1.
83 RS0038454.
84 6 Ob 39/03h; 6 Ob 207/20i ErwGr 3.1.
85 6 Ob 98/24s (Rz 31); RS0059774.
86 6 Ob 98/24s ErwGr II.1.1.
87 6 Ob 98/24s ErwGr II.1.1.

schaft bewusst, im Wissen um die Zurverfügungstellung namens der Gesellschaft und auf einer Handlung einer Person beruht, die diese Zuwendung als eine – wenn auch etwa auf einem nicht wirksamen Rechtsgeschäft beruhende – Leistung namens der Gesellschaft auffassen lässt.[88]

12. Drittvergleich (Fremdvergleich, Fremdüblichkeit)

12.1. Auf den Punkt gebracht, Grundsätzliches

Unter das Verbot der Einlagenrückgewähr fallen nicht nur offene Barzahlungen an die Gesellschafter, sondern auch im Gewand anderer Rechtsgeschäfte erfolgte verdeckte Leistungen (verdeckte Einlagenrückgewähr).[89] Das Verbot der Einlagenrückgewähr erfasst alle Geschäfte, die einem „Fremdvergleich" (auch: „Drittvergleich") nicht standhalten, dh, die nicht oder nicht so geschlossen worden wären, wenn kein Gesellschafter (oder eine dem Gesellschafter nahestehende Person) daraus seinen Vorteil zöge.[90]

Ob eine Zuwendung als verbotene Einlagenrückgewähr zu qualifizieren ist, hängt nicht allein vom objektiven Missverhältnis zwischen Leistung und Gegenleistung ab, ein solches objektives Missverhältnis lässt nur auf verbotswidriges Handeln schließen.[91] Die auf die Inäquivalenz von Leistung und Gegenleistung gestützte Vermutung des Gesellschaftergeschäfts kann im Wege des sogenannten Drittvergleichs widerlegt werden.[92] In den Drittvergleich/Fremdvergleich einzubeziehen sind nicht nur die konkreten Konditionen, sondern vor allem auch die Frage, ob mit einem gesellschaftsfremden Dritten überhaupt ein derartiges Geschäft abgeschlossen worden wäre.[93] Zu prüfen ist, ob das Geschäft (oder die Zuwendung bzw Sicherheitsleistung zugunsten des Gesellschafters) von der Gesellschaft auch dann geschlossen worden wäre, wenn der Gesellschaft nicht der Gesellschafter, sondern ein **außenstehender Dritter** gegenübergestanden wäre.[94] Für die Beurteilung ist **auf den Zeitpunkt des Vertragsabschlusses abzustellen**.[95]

Ob ein normales Austauschgeschäft oder eine verdeckte Ausschüttung von Gesellschaftsvermögen vorliegt, richtet sich danach, ob ein **gewissenhaft nach kaufmännischen Grundsätzen handelnder Geschäftsführer** unter sonst **gleichen Umständen** zu gleichen Bedingungen **auch mit einem Nichtgesellschafter abge-**

88 6 Ob 98/24s ErwGr II.1.1.
89 RS0105540 (T3); 6 Ob 232/16k.
90 6 Ob 232/16k; RS0105540 (T1); RS0120438.
91 6 Ob 271/05d mwN.
92 6 Ob 271/05d mwN.
93 17 Ob 11/24b ErwGr 2.1; RS0105540 (T8).
94 RS0105540.
95 Vgl 6 Ob 132/10w ErwGr 2.1.

schlossen hätte, ob die Leistung also aus betrieblichen Gründen gerechtfertigt ist (zur betrieblichen Rechtfertigung siehe auch Kapitel 13.).[96]

Die für den Drittvergleich/Fremdvergleich relevante Frage lautet daher: **Wäre das Rechtsgeschäft auch mit einem unbeteiligten Dritten zu denselben Konditionen abgeschlossen worden?**[97]

Wenn diese Frage zu verneinen ist, spielt eine etwaige objektive Äquivalenz von Leistung und Gegenleistung keine Rolle, denn dann ist der Drittvergleich bereits zu verneinen.[98]

12.2. Inäquivalenz und Vermutung der Einlagenrückgewähr, Beweislast

Bei Inäquivalenz von Leistung und Gegenleistung besteht *prima facie* der Verdacht der verbotenen Einlagenrückgewähr; daher ist der (auch nur mittelbar) empfangende (profitierende) Gesellschafter bei Inäquivalenz von Leistung und Gegenleistung für die Gleichwertigkeit seiner Gegenleistung behauptungs- und beweispflichtig.[99]

Die Regeln über die Beweislast (siehe auch 27.1.) greifen nach der Rechtsprechung aber erst und nur dann ein, wenn das Beweisverfahren ohne subsumtionsfähiges Sachverhaltsergebnis geblieben ist.[100] Stehen die zu beweisenden Tatsachen (oder steht das Gegenteil dieser Tatsachen) ohnehin fest, kommen die Beweislastregeln nicht zur Anwendung, weil es dann keine Rolle mehr spielt, wen die Beweislast trifft.[101]

Grundsätzlich sind schuldrechtliche Austauschbeziehungen zwischen Gesellschafter und Kapitalgesellschaft nur dann zulässig, wenn der Wert der Leistung der Kapitalgesellschaft durch die Gegenleistung des Gesellschafters abgegolten wird; die Gesellschaft darf also mit ihrem Gesellschafter nur **wie fremdüblich, also zum Marktpreis** kontrahieren. Bestehen keine Marktpreise, so ist jedenfalls eine **fachgerechte Bewertung** nach anerkannten Bewertungsmethoden notwendig. Der Vorstand (Geschäftsführung) der Aktiengesellschaft (GmbH) muss sich in diesem Fall im Rahmen eines **vertretbaren unternehmerischen Ermessens** halten. Es ist also ein **„hypothetischer Marktvergleich"** durchzuführen. Außerhalb der Massengeschäfte sind alle zwischen der Aktiengesellschaft und ihrem Aktionär getätigten Rechtsgeschäfte ***prima facie* verdächtig**; es ist genau zu prü-

96 6 Ob 271/05d.
97 Vgl 6 Ob 232/16k; 6 Ob 110/12p.
98 Siehe zB 6 Ob 110/12p mwN; 6 Ob 232/16k mwN; vgl RS0105540, *Karollus* in *Leitner*, Handbuch verdeckte Gewinnausschüttung[2] (2014) 73 ff.
99 RS0105532.
100 RS0039872; RS0039875 (T5).
101 4 Ob 119/24i mwN; 17 Ob 12/24z ErwGr 4.

fen, ob es sich um ein zulässiges Geschäft zu marktüblichen Konditionen handelt oder ob an den Gesellschafter in unzulässiger Weise Leistungen aus dem Vermögen der Gesellschaft erbracht werden.[102]

12.3. Sachverständigenfrage, Preisvergleich, Überprüfung durch den OGH

Die Prüfung verbotener Einlagenrückgewähr durch Abschluss unangemessener Rechtsgeschäfte erfolgt durch Sachverständige. Dabei beurteilte der OGH die von einem Sachverständigen angewandte **betriebswirtschaftliche Methode** der Heranziehung eines Preisvergleichs *„nicht als inadäquat"*.[103] Eine auf einem Sachverständigengutachten in einer Vorinstanz beruhende Feststellung ist im Rahmen der rechtlichen Beurteilung einer Überprüfung durch den OGH aber ausnahmsweise dann zugänglich, wenn diese auf mit den Gesetzen der Logik oder der Erfahrung unvereinbaren Schlussfolgerungen beruht.[104]

12.4. Drittvergleich bei Geschäften im Konzern

In zivilrechtlicher Sicht ändert das Vorliegen eines Konzernverhältnisses nichts an den Grundsätzen der Kapitalerhaltung. Vielmehr besteht der Konzern aus rechtlich selbständigen Gesellschaften, sodass eine präzise Zuordnung des jeweiligen Haftungsvermögens erforderlich ist.[105] **Innerhalb einer Gruppe** verbundener Unternehmen ist die **Gefahr** einer nicht drittvergleichsfähigen Transaktion **wegen des abgeschwächten Interessengegensatzes** (vor allem bei Fehlen von Minderheitsgesellschaftern) **größer**.[106]

13. Betriebliche Rechtfertigung

13.1. Allgemein

Eine verdeckte Einlagenrückgewähr kann auch damit gerechtfertigt werden, dass besondere betriebliche Gründe im Interesse der Gesellschaft vorliegen, wenn dies nach der Formel des Fremdvergleichs dahin gedeckt ist, dass das Geschäft, das mangels objektiver Wertäquivalenz ein **Vermögensopfer der Gesellschaft** bedeutet, **auch mit einem Außenstehenden geschlossen worden wäre**.[107]

102 6 Ob 199/17h ErwGr 2.2 mwN.
103 RS0119439 (T4).
104 1 Ob 43/19h.
105 6 Ob 21/20m ErwGr 6.3.
106 6 Ob 207/20i ErwGr 5.2 mit Verweis auf auch *Hügel*, Verschmelzung und Einbringung (1993) 61 ff sowie auf *Chr. Nowotny*, Ausschüttungssperre bei Kapitalgesellschaften – § 235 Abs 1 UGB neu, in FS Hügel (2016) 283 (291).
107 RS0120438.

13.2. „Strickmaschinen-Fall"

In einem seltenen Fall[108] bejahte der OGH eine betriebliche Rechtfertigung als Ausnahme vom Verbot der Einlagenrückgewähr, weil die in jenem Fall festgestellten Aspekte der wirtschaftlichen Zusammenarbeit beider Unternehmen gegen die Annahme einer verbotenen Einlagenrückgewähr sprachen. Die spätere Insolvenzschuldnerin (GmbH) betrieb ein Strickwarenerzeugungsunternehmen. Ihr Minderheitsgesellschafter (2 % der Stammeinlagen) war als Einzelunternehmer tätig. Zwischen der GmbH und dem Einzelunternehmen bestand eine intensive Geschäftsbeziehung, die darin lag, dass jener Teil des Fertigungsprozesses, bei welchem durch entsprechende Fachkräfte überwiegend manuell gearbeitet wurde, zum Einzelunternehmen ausgelagert war. Die maschinell unterstützten, automatisierten Arbeitsschritte, die durch angelerntes Personal verrichtet werden konnten, erfolgten bei der Insolvenzschuldnerin. Das Einzelunternehmen war fast ausschließlich für die Insolvenzschuldnerin tätig. Es verrechnete die von ihm erbrachten Leistungen (Schneidearbeiten und Näharbeiten zur Herstellung des Endprodukts) nach Zeitaufwand. In den seltenen Fällen, in denen das Einzelunternehmen für Dritte tätig wurde, verrechnete es denselben Stundensatz. Über die Vermögen beider Unternehmen wurde der Konkurs eröffnet. Eine wesentliche Ursache für die Insolvenz beider Unternehmen war der Wegfall eines Hauptkunden, mit dem die GmbH etwa die Hälfte ihres Umsatzes erzielt hatte. Die in jenem Fall beklagte Bank gewährte wiederholt Rahmenkredite, die insgesamt bis zur Höhe des vereinbarten Rahmens sowohl von der GmbH als auch vom Einzelunternehmen auf getrennten Konten ausgenutzt werden durften und für welche die GmbH und das Einzelunternehmen als Kreditnehmer solidarisch hafteten. Der Masseverwalter der GmbH klagte die Bank und argumentierte mit verbotener Einlagenrückgewähr. Die Klage wurde wegen der Bejahung des Ausnahmetatbestands der betrieblichen Rechtfertigung durch den OGH abgewiesen.[109] Auch ohne Konzernbildung und ohne dass Beteiligungsverhältnisse im Sinne verbundener Unternehmen gemäß § 228 Abs 1 HGB (alter Fall) vorlagen, war die abgesprochene Zusammenarbeit der beiden Unternehmen jedenfalls auch zum wirtschaftlichen Vorteil der darlehensgebenden/mithaftenden GmbH angelegt, die als Händlerin des Endprodukts ihren nach Auftragslage schwankenden Bedarf an Schneidearbeiten und Näharbeiten beim Einzelunternehmen jederzeit abrufen konnte. Dazu war es erforderlich, dass das Einzelunternehmen zugunsten der GmbH auch bei schlechter Auftragslage seine beschäftigten Fachkräfte nicht abbaut, um so den Bedürfnissen des Unternehmens der Gesellschaft jederzeit nachkommen zu können. Letztlich bejahte der OGH in jenem Fall die Frage, ob die darlehensgebende Gesellschaft mbH hier **auch mit einem außenstehenden Dritten in gleicher Weise wie mit der Gesellschafterin** eine Partnerschaft eingegangen wäre;[110] dies vor allem, weil die Zusammenarbeit mit dem Einzelunternehmen für die Gesellschaft

108 6 Ob 271/05d (Strickmaschinen).
109 6 Ob 271/05d (Strickmaschinen).
110 6 Ob 271/05d (Strickmaschinen).

von hohem wirtschaftlichen Wert war, sie also auch im **Eigeninteresse der darlehensgebenden Gesellschaft** erfolgte.[111]

Der OGH stellte dabei aber klar, dass auch in jenem Fall **nicht** von einer betrieblichen Rechtfertigung gesprochen werden hätte können, wenn eine so angespannte finanzielle Notlage bestanden hätte, dass ein **gewissenhafter Geschäftsführer den möglichen Haftungsfall als geradezu wahrscheinlich eingeschätzt** und zum Anlass genommen hätte, auf getrennte Finanzwirtschaft zu bestehen.[112] Es müsste also zu befürchten gewesen sein, dass in der Haftungsübernahme ein besonderes, allenfalls sogar existenzbedrohendes Risiko lag. Ein solcher Sachverhalt wurde aber gerade nicht festgestellt. Die Insolvenz beider Unternehmen war vielmehr Folge des Ausfalls eines Hauptkunden.[113]

13.3. Weitere Fälle betrieblicher Rechtfertigung

Der OGH verneinte das Vorliegen verbotener Einlagenrückgewähr auch in einem Fall, in dem eine von einer Gemeinde gegründete und im alleinigen Eigentum der Gemeinde stehende Gesellschaft auf einen Aufwandersatzanspruch für die Errichtung einer Straße verzichtete.[114] Dem lag die Erwägung zugrunde, dass von vornherein nie eine Tragung von Errichtungskosten durch die Gesellschaft beabsichtigt war, sondern die Gesellschaft von der Gemeinde für die Rückzahlung des aufgenommenen Darlehens zweckgewidmete Bedarfszuweisungen erhielt. Wirtschaftlich betrachtet, stelle die Zahlung des Werklohns durch die Gesellschaft daher keinen ihr Vermögen belastenden Aufwand dar, sondern die vereinbarte Verwendung von für diesen Zweck bereitgestellten Mitteln Dritter, mit dem offenkundigen Zweck, ein Tourismusprojekt zugunsten der Gemeinde zu fördern. Die Gesellschaft treffe daher keine Rückzahlungspflicht, sodass sie auch keinen Ersatzanspruch nach § 1097 ABGB habe. Der Verzicht auf einen nicht bestehenden Aufwandersatzanspruch könne wegen der fehlenden Grundvoraussetzung für die Verwirklichung des Tatbestands nach § 82 Abs 1 GmbHG, nämlich einer (unmittelbaren oder mittelbaren) Leistung der Gesellschaft an die Gesellschafter, keine verdeckte Einlagenrückgewähr sein.[115]

13.4. Zulässige Sicherheitenbestellung bei angemessener Gegenleistung

Ein Verstoß gegen die Kapitalerhaltungsvorschriften kann auch in der Bestellung von Sicherheiten für Dritte am Gesellschaftsvermögen oder an Teilen davon für

111 6 Ob 271/05d (Strickmaschinen).
112 6 Ob 271/05d (Strickmaschinen).
113 6 Ob 271/05d (Strickmaschinen).
114 3 Ob 19/14m.
115 3 Ob 19/14m.

Forderungen gegen Gesellschafter liegen.[116] Die Bestellung einer Sicherheit für eine Schuld des Gesellschafters ist zulässig, wenn die Gesellschaft eine angemessene Gegenleistung erhält, wie sie **bei vergleichbaren Bankgeschäften üblich** ist.[117] Liegt keine objektive Wertäquivalenz vor, kann eine verdeckte Einlagenrückgewähr im Einzelfall damit gerechtfertigt werden, dass besondere betriebliche Gründe im Interesse der Gesellschaft vorliegen, wenn dies nach der Formel des Fremdvergleichs dahin gedeckt ist, dass ein sorgfältig handelnder Geschäftsführer das Geschäft auch mit einem Außenstehenden geschlossen hätte.[118] Das ist nur der Fall, wenn der Sicherheitenleistung ein **gleichwertiger betrieblicher Vorteil der besichernden Gesellschaft** gegenübersteht,[119] der sich auch aus einer wirtschaftlichen Zusammenarbeit ergeben kann.[120] Liegen solche besonderen betrieblichen Gründe vor, kann der Zulässigkeit einer Haftungsübernahme entgegenstehen, dass darin ein besonderes, allenfalls sogar **existenzbedrohendes Risiko** liegt.[121] Die entgeltfreie Übernahme einer Bürgschaft, bei deren Schlagendwerden die bürgende Gesellschaft erkennbar wesentlich und bestandsgefährdend beeinträchtigt wäre, vermag nicht mit *„entsprechend günstigen Auswirkungen auf die Steigerung der Einkaufsmengen, vermehrte*[r] *Rabattierung durch die Lieferanten und einer Spanne von rund 10 % auf eingekauften und weitergegebenen Waren“* betrieblich gerechtfertigt zu werden (ob bereits alleine der Umstand der Existenzbedrohung bei Schlagendwerden der Bürgschaft die betriebliche Rechtfertigung einer Bürgschaftsübernahme jedenfalls ausschließen würde, musste in jenem Fall nicht beantwortet werden).[122]

13.5. Mitarbeiterbeteiligungsmodell

Entscheidungen des OGH zur betrieblichen Rechtfertigung als Ausnahme vom Verbot der Einlagenrückgewähr sind selten. 2024 befasste sich der OGH mit der Frage, ob zur Finanzierung des Erwerbs eigener Anteile iZm mit einem Mitarbeiterbeteiligungsmodell geschlossene Darlehensverträge aufgrund von Verstößen gegen das Einlagenrückgewährverbot nichtig sind.[123] Dabei bekräftigte der OGH, dass es bei der Prüfung der betrieblichen Rechtfertigung iZm Einlagenrückgewähr stets darauf ankommt, ob eine sorgfältige, **am Wohl der leistenden Gesellschaft orientierte Geschäftsleitung** das jeweilige Geschäft überhaupt und bejahendenfalls auch zu diesen Bedingungen abgeschlossen hätte.[124] Da der OGH nur über einen Aufhebungs- und Zurückweisungsbeschluss des Berufungsgerichts zu entscheiden hatte, löste er die sich in jenem Fall stellenden Fragen nicht abschließend.

116 6 Ob 232/16k ErwGr 1.3.
117 RS0105534; 6 Ob 89/21p ErwGr 3.1; 6 Ob 232/16k ErwGr 1.3.
118 6 Ob 89/21p ErwGr 3.1; 6 Ob 232/16k; 6 Ob 271/05d.
119 7 Ob 35/10p ErwGr 1.4.
120 6 Ob 89/21p ErwGr 3.1; 7 Ob 35/10p ErwGr 1.1; 6 Ob 271/05d.
121 6 Ob 89/21p ErwGr 3.1; 6 Ob 271/05d.
122 Vgl 6 Ob 89/21p ErwGr 3.3.
123 6 Ob 42/23d.
124 6 Ob 42/23d.

Der OGH stellte aber fest, dass dem Institut einer Mitarbeiterbeteiligung samt dessen Finanzierung nach § 66a AktG immanent ist, dass es einem außenstehenden Dritten („Nichtmitarbeiter") gerade nicht offensteht.[125] Daher ist die ansonsten im Rahmen des Drittvergleichs regelmäßig anzustellende Prüfung, ob das Geschäft auch mit einem anderen, unbeteiligten Dritten und bejahendenfalls auch zu diesen Bedingungen geschlossen worden wäre,[126] in solchen Fällen nicht der entscheidende Maßstab.[127]

Vielmehr ist im Sinn einer Gesamtbetrachtung die betriebliche Rechtfertigung der Unterstützungsleistung zu beurteilen, auch wenn die Gesellschaft eine derartige Leistung im Verhältnis zu einem Dritten, der bei ihr nicht beschäftigt ist, nicht erbringen würde.[128] Dabei ist zu berücksichtigen, dass eine Mitarbeiterbeteiligung die positive Entwicklung der Gesellschaft fördern soll und damit grundsätzlich im betrieblichen Interesse der Gesellschaft und damit auch von deren Gläubigern liegt.[129] Daher ist zu prüfen, ob eine **sorgfältige, am Wohl der leistenden Gesellschaft orientierte Geschäftsleitung** die Unterstützungsleistung zum Zweck der Förderung der Mitarbeiterbeteiligung überhaupt und bejahendenfalls **auch zu diesen Bedingungen abgeschlossen** hätte.[130] Ist aufgrund der **vorzunehmenden Gesamtbetrachtung** die betriebliche Rechtfertigung der Unterstützungsleistung zur Förderung der Mitarbeiterbeteiligung gegeben, liegt darin auch keine unzulässige Einlagenrückgewähr.[131]

Als Anhaltspunkte für eine solche Prüfung sieht der OGH unternehmens- und branchenübliche **freiwillige Sozialleistungen** wie **Prämien- und Bonuszahlungen**, **Gehaltsvorschüsse** und begünstigte Mitarbeiterkredite.[132] Dabei kann auch in Anschlag gebracht werden, dass und in welcher Höhe die begünstigten Mitarbeiter auf sonst von ihnen beanspruchte übliche Entgeltbestandteile (etwa Boni, **erfolgsbezogene Entgeltbestandteile** etc) verzichten.[133] Ebenso kann ein **Interesse der Gesellschaft an der Bildung eines stabilen Kernaktionärs** berücksichtigt werden.[134]

---

125 6 Ob 42/23d, verweisend auf *Ch. Nowotny*, Mitarbeiterbeteiligungen im Gesellschaftsrecht, in *Bertl* ua, Mitarbeiterbeteiligungen im Unternehmens- und Steuerrecht (2009) 83 (91).

126 RS0105540 (T7); vgl zur Darlehensgewährung im Zusammenhang mit einem Beteiligungserwerb etwa 6 Ob 114/17h; vgl zur Berücksichtigung besonderer betrieblicher Gründe 6 Ob 89/21p ErwGr 3.1.

127 6 Ob 42/23d.

128 6 Ob 42/23d verweisend auf *Ch. Nowotny*, Mitarbeiterbeteiligungen im Gesellschaftsrecht, in *Bertl* ua, Mitarbeiterbeteiligungen im Unternehmens- und Steuerrecht (2009) 83 (91).

129 6 Ob 42/23d; *Karollus* in *Artmann/Karollus*, AktG I6 § 65 Rz 86; *Foglar-Deinhardstein* in *Foglar-Deinhardstein/Aburumieh/Hoffenscher-Summer*, GmbHG (2017) § 81 Rz 82; *Ch. Nowotny*, Mitarbeiterbeteiligungen im Gesellschaftsrecht, in *Bertl ua* (Hrsg), Mitarbeiterbeteiligungen im Unternehmens- und Steuerrecht (2009) 83 (91).

130 6 Ob 42/23d.

131 6 Ob 42/23d.

132 6 Ob 42/23d mwN.

133 6 Ob 42/23d mwN.

134 6 Ob 42/23d mwN.

13.6. Verweis auf Satzung reicht mE nicht aus

In einer aktuellen Großinsolvenz mit umfassendstem effektivem Cash Pooling ohne jedwede Sicherheiten (siehe Kapitel 23.16.2.) wird das Argument als Rechtfertigung bemüht, dass eine betriebliche Rechtfertigung für das unbesicherte Weiterleiten sehr großer Geldmengen an Konzernobergesellschaften darin liege, dass bei einigen betroffenen Gesellschaften als Unternehmensgegenstand im Gesellschaftsvertrag die Finanzierung anderer Gesellschaften der Gruppe genannt wird. Wäre es tatsächlich möglich, damit gegen das Verbot der Einlagenrückgewähr zu argumentieren, dann wäre einer Aushebelung der Kapitalerhaltungsvorschriften Tür und Tor geöffnet. Das ist freilich völlig substanzlos, schließlich kann ein unabdingbares Verbot des Gesellschaftsrechts nicht durch Wortfolgen in Gesellschaftsverträgen außer Kraft gesetzt werden.

14. Sanktion

14.1. Absolute Nichtigkeit verbotener Einlagenrückgewähr ex tunc

Weder § 82 GmbHG noch § 52 AktG normieren, dass verbotswidrige Geschäfte nichtig sind. Aus dem Zweck des in § 82 GmbHG und § 52 AktG normierten Verbotes der Einlagenrückgewähr wird aber in beiden Fällen die absolute Nichtigkeit verbotswidriger Geschäfte nach **§ 879 Abs 1 ABGB** abgeleitet.[135] Auch Geschäfte, die gegen § 57 dAktG verstoßen, werden als nichtig erachtet.[136] Die **Nichtigkeit** eines Vertrages nach § 879 Abs 1 ABGB wirkt in der Regel ***ex tunc*** und hat auch **dingliche Wirkung.**[137] Sie bewirkt also, dass der Vertrag jedenfalls von Anfang an unwirksam war.[138] Das ist ausschlaggebend für die mE offensichtliche Vergeblichkeit aller Versuche, Verstöße gegen das Verbot der Einlagenrückgewähr nachträglich zu heilen oder zu sanieren (siehe 14.9.2.).

14.2. Wahrnehmung von Amts wegen

Die absolute Nichtigkeit einer Vereinbarung wegen eines Verstoßes gegen das Verbot der Einlagenrückgewähr gem § 82 Abs 1 GmbHG ist (nur) dann von Amts wegen wahrzunehmen, wenn Anzeichen bestehen, dass von der Gesellschaft erbrachte Leistungen für den Gesellschafter nicht Gewinnverwendung sind und ihnen auch keine gleichwertige Gegenleistung des Gesellschafters gegenübersteht.[139]

---

135 RS0117033 (T2); RS0105535.
136 RS0105535.
137 RS0038454.
138 6 Ob 39/03h.
139 RS0117033; 3 Ob 167/16d ErwGr 2.2.

Kapitalerhaltungsvorschriften dienen dem im Gesellschaftsrecht verankerten Schutz des Gläubigers vor künftigen negativen Entwicklungen der Gesellschaft und stellen den **Ausgleich für** die mangelnde persönliche Haftung der Gesellschafter von Kapitalgesellschaften dar (**Haftungsprivileg**). Daher hat zB das Firmenbuchgericht im Rahmen seiner materiellen Prüfungspflicht die handelsrechtlichen Voraussetzungen der begehrten Eintragung von Amts wegen zu prüfen und allfällige Verstöße gegen Kapitalerhaltungsvorschriften wie das Verbot der Einlagenrückgewähr wahrzunehmen.[140]

14.3. Jedermann kann sich auf absolute Nichtigkeit berufen

Auf die absolute Nichtigkeit gemäß § 879 ABGB kann sich jedermann berufen, ohne dass es einer besonderen Anfechtung bedürfte.[141] Da Verstöße gegen das Verbot der Einlagenrückgewähr bei entsprechenden Anzeichen sogar von Amts wegen aufzugreifen sind, kann es niemandem verwehrt sein, sich auf solche amtswegig wahrzunehmenden Umstände zu stützen. Auf eine wie immer geartete „Nähe" des Klägers zum Verbotsverstoß kann es somit nicht ankommen.[142]

14.4. Eintragungen in Grundbuch und Firmenbuch sowie Rechtskraft heilen nicht

Die Einverleibung von gegen das Verbot der Einlagenrückgewähr verstoßenden Pfandrechten im Grundbuch ändert nichts an deren von Amts wegen wahrzunehmender Nichtigkeit.[143] Siehe auch 14.5.

Auch die Rechtskraft zB von Firmenbuchbeschlüssen, etwa beim „Sidestream-Merger", heilt Verstöße gegen das Verbot der Einlagenrückgewähr nicht. Die Gläubigerschutzbestimmungen insb der §§ 225a, 226, 227 AktG, § 15 FBG und § 5 Abs 5 UmwG sind keine abschließende Regelung. Sie greifen erst nach Rechtswirksamkeit der Verschmelzung ein und entbinden das Gericht nicht von der vorherigen Prüfung der Zulässigkeit der Verschmelzung nach dem Kapitalerhaltungsgrundsatz.[144] Das Verbot der Einlagenrückgewähr ist für den **Sidestream-Merger** in § 224 Abs 2 Z 1 AktG ausdrücklich erwähnt, woraus abzuleiten ist, dass die Gläubigerschutzbestimmungen des § 52 AktG bzw des § 82 GmbHG nicht derogiert werden sollten. Die durch eine **Verschmelzung downstream** bewirkte Gefährdungslage ist keine andere, wie sie auch bei einer **Spaltung downstream** entsteht.[145]

---

140 RS0112744 (T1).

141 RS0016432.

142 6 Ob 18/20w.

143 3 Ob 167/16d.

144 RS0112747; 6 Ob 4/99b; 6 Ob 165/04i; 6 Ob166/04m; 6 Ob 235/07p; 6 Ob 236/07k; 6 Ob 267/08w; 6 Ob 226/09t.

145 RS0112748; 6 Ob 4/99b; 6 Ob 165/04i; 6 Ob166/04m.

Wusste eine Kreditgeberin von der von den Beteiligten intendierten Vorgangsweise (verbotene Einlagenrückgewähr) zum Zeitpunkt der Zuzählung der Kreditsumme, ist nicht zweifelhaft, dass sie auch als Dritte am nichtigen Geschäft an sich nicht Beteiligte rückgabepflichtig ist; zumindest musste sich ihr der Missbrauch geradezu aufdrängen, woran auch die Eintragung des Verschmelzungsvorgangs ins Firmenbuch nichts ändert.[146]

14.5. Kein Gutglaubenserwerb von Rechten (zB Mietrechten)

Verstöße gegen das Verbot der Einlagenrückgewähr **durchbrechen auch die Möglichkeit Dritter, Rechte zu erwerben**. Das ist insbesondere deswegen der Fall, weil bei verbotener Einlagenrückgewähr immer ein Vertretungsmangel vorliegt (siehe auch 11.).

Auch zB ein gutgläubiger Erwerb des Mietrechts ist nicht möglich, und zwar auch dann nicht, wenn der „Vermieter“ nach einem Verstoß gegen das Verbot der Einlagenrückgewähr vor Abschluss des „Mietvertrags“ als Eigentümer im Grundbuch einverleibt wurde. Wie sich auch aus § 442 ABGB ergibt, kann grundsätzlich niemand mehr (dingliche oder andere) Rechte übertragen, als er selbst hat. Dabei handelt es sich um einen allgemeinen Grundsatz,[147] der im Ergebnis nur durch die Vorschriften über den gutgläubigen Erwerb vom Nichtberechtigten durchbrochen wird. Die allgemeinen Vorschriften des Gutglaubenserwerbs nach § 367 ABGB sind auf den Erwerb von Mietrechten weder unmittelbar noch im Wege der Analogie anwendbar.[148] Der gutgläubige Erwerb von Forderungsrechten ist regelmäßig ausgeschlossen, wie sich überdies aus § 1394 ABGB über die Wirkungen der Zession ergibt.[149] Auch einem einverleibten Bestandrecht kommt keine von den anderen Bestandverträgen abweichende allgemeine Wirkung gegen Dritte zu.[150]

14.6. Nichtigkeit umfasst auch Pfandrechte (Akzessorietät)

Die Nichtigkeit etwa von Darlehensverträgen aufgrund von Verstößen gegen das Verbot der Einlagenrückgewähr hat aufgrund der Akzessorietät des Pfandrechts auch die schuld- und sachenrechtliche Nichtigkeit der Inpfandnahmen dazugehöriger Sicherheiten zur Folge.[151]

146 RS0105537 (T8).
147 2 Ob 126/09g mit Verweis auf *Spielbüchler* in *Rummel*³ § 442 Rz 2.
148 2 Ob 126/09g; RS0115735; 4 Ob 241/01x.
149 2 Ob 126/09g mit Verweis auf *Koziol/Welser*, I, 332; *Klicka* in *Schwimann*, ABGB³ § 367 ABGB Rz 2; *Neumayr* in KBB² § 1394 ABGB Rz 1.
150 2 Ob 126/09g; RS0115735.
151 6 Ob 42/23d; vgl RS0011343 (T1, T4).

14.7. Gesamt- oder Teilnichtigkeit?

Die Frage, ob ein Verstoß gegen das Verbot der Einlagenrückgewähr zu Teil- oder Gesamtnichtigkeit führt, ob also der Vertrag zur Gänze wegfällt oder nur die Konditionen anzupassen sind (zB *„also der Vertrag zur Gänze wegfällt oder der Mietvertrag selbst wirksam bleibt und lediglich das Entgelt entsprechend zu reduzieren ist“*), richtet sich nach dem **hypothetischen Parteiwillen.**[152] In der Literatur ist das umstritten.[153] Maßgeblich ist hier nach dem OGH der Verbotszweck der Norm, sprich die Erhaltung und Wiederherstellung des Gesellschaftsvermögens.[154] Der hypothetische Parteiwille ist dann nicht entscheidend, wenn die verbotene Einlagenrückgewähr dadurch gegen den Willen der Gesellschaft saniert werden könnte (zB durch Nachzahlung).[155]

Während die **Nichtigkeit von Nebenabreden** (nur) dann nicht die Ungültigkeit des gesamten Geschäftes zur Folge hat, wenn das Geschäft auch ohne diese Nebenabreden fortbestehen könnte, ist ein solches Fortbestehen bei **Nichtigkeit von Hauptpflichten** von vornherein nicht anzunehmen. Diese Überlegung führt auch zu dem Schluss, dass bei **zweiseitig verbindlichen Verträgen** nicht nur der eine Teil für nichtig erklärt werden kann.[156] Sind **wesentliche Vertragsbestimmungen** gesetzwidrig, ist der gesamte Vertrag nichtig.[157] Zwar ist bei teilweiser Unerlaubtheit eines Rechtsgeschäfts nach herrschender Meinung nicht nach dem hypothetischen Parteiwillen, sondern nach dem **Zweck der Verbotsnorm** zu beurteilen, ob der Vertrag teilweise gültig oder zur Gänze ungültig ist,[158] wobei der Restgültigkeit nach ständiger Rechtsprechung möglichst der Vorzug zu geben ist.[159] Soweit allerdings der Verbotszweck weder für noch gegen Restgültigkeit bzw gänzliche Unwirksamkeit spricht, hängt es entsprechend § 878 S 2 ABGB doch vom hypothetischen Parteiwillen ab, ob der Vertrag teilweise aufrecht bleibt oder nicht; dies gilt auch bei teilweise unerlaubter Hauptleistung.[160]

14.8. Anfechtbare Leistung ist kein Rückersatz

Eine anfechtbare Zahlung kann nicht als Erfüllung der Verbindlichkeit angesehen werden, es handelt sich dabei um eine bloße Scheinzahlung. Der Empfänger einer solchen Zahlung ist zu deren Zurückweisung berechtigt.[161]

152 Siehe 6 Ob 132/10w; 6 Ob 110/12p ErwGr 2.9.
153 Siehe 6 Ob 195/18x ErwGr 3.3 mwN.
154 6 Ob 239/16i; RS0105518.
155 6 Ob 195/18x; 7 Ob 142/07v, 9 Ob 18/14h.
156 7 Ob 142/07v mit Verweis auf *Krejci* in *Rummel*, ABGB[3] § 879 Rz 250; EvBl 1938 II/304.
157 7 Ob 142/07v mit Verweis auf *Krejci* in *Rummel*, ABGB[3] § 879 Rz 250; EvBl 1938 II/304; MietSlg 8368.
158 *Apathy/Riedler* in *Schwimann*, ABGB[3] IV § 879 Rz 37 mwN.
159 7 Ob 142/07v.
160 7 Ob 142/07v mit Verweis auf *Apathy/Riedler* in *Schwimann*, ABGB[3] IV § 879 Rz 37; SZ 24/170; SZ 44/166 = EvBl 1972/122 = JBl 1972, 322 und *Rummel* in *Rummel*[3] § 878 Rz 5.
161 RS0107954.

Bei der (Insolvenz- und Gläubiger-)Anfechtung **führt erst der gerichtliche (Gestaltungs-)Ausspruch die Unwirksamkeit** der angefochtenen Rechtshandlung gegenüber den Gläubigern herbei. Demgegenüber bewirken Verstöße gegen das **Verbot der Einlagenrückgewähr *ex lege* die Nichtigkeit** (siehe 14.1.).[162]

Ungeachtet dessen sollten Klagen insbesondere von Insolvenzverwaltern, wenn möglich, **sicherheitshalber auf Einlagenrückgewähr und Anfechtung** (§§ 27 ff IO) gestützt werden, weil die Ansprüche konkurrieren. Je nach Zeitpunkt des Gegenstands der Anfechtung kommen alle Anfechtungstatbestände der IO in Betracht (§ 28 IO: Benachteiligungsabsicht und/oder Vermögensverschleuderung, § 29 IO: unentgeltliche Verfügungen; § 30 IO **Begünstigungsabsicht** und/oder inkongruente Leistungen; § 31 IO Kenntnis der Zahlungsunfähigkeit und nachteilige Rechtsgeschäfte). Zur Anfechtbarkeit gutgläubig erhaltener und tatsächlich nicht berechtigter Gewinnansprüche siehe 18.3.

14.9. Sanierung

14.9.1. Kein Erlass durch die Gesellschaft möglich

Die Gesellschaft kann über die zwingenden Rechtsfolgen der verbotenen Einlagenrückgewähr nicht disponieren und keinen Erlass des Rückzahlungsanspruchs gewähren. Schließlich normiert § 83 Abs 4 GmbHG: *„(4) Zahlungen, die auf Grund der vorstehenden Bestimmungen zu leisten sind, können den Verpflichteten weder ganz noch teilweise erlassen werden."*

14.9.2. (ME keine) nachträgliche Heilung

Laut dem OLG Innsbruck (mit Verweis auf *Schopper*[163]) sei die nachträgliche Heilung der verbotenen Einlagenrückgewähr zwar möglich,[164] das nichtige Geschäft heile jedoch nicht schon dann, wenn der Nichtigkeitsgrund nachträglich wegfällt. Eine Heilung sei jedoch nur denkbar, wenn sämtliche mit dem Verstoß verbundenen (negativen) Rechtsfolgen entfallen.[165] Dem vermag ich schon im Ansatz nicht zu folgen. Man kann rechtliche Totgeburten nicht reanimieren. Schließlich sind gegen das Verbot der Einlagenrückgewähr verstoßende Rechtsgeschäfte etc absolut nichtig[166] und jedermann kann sich auf deren absolute Nichtigkeit berufen, ohne dass es einer besonderen Anfechtung bedürfte.[167] Die absolute Nichtigkeit wirkt *ex tunc*,[168] sie bewirkt also, dass der Vertrag jedenfalls von Anfang an

162 RS0117033 (T2); RS0105535.
163 *Schopper*, Heilung von Verstößen gegen das Verbot der Einlagenrückgewähr, ecolex 2019, 736.
164 6 Ob 207/20i; 6 Ob 128/17t; vgl 6 Ob 22/23p.
165 OLG Innsbruck 27.4.2023, 3 R 26/23g, verweisend auf *Schopper*, Heilung von Verstößen gegen das Verbot der Einlagenrückgewähr, ecolex 2019, 736 (737).
166 RS0117033 (T2); RS0105535.
167 RS0016432.
168 RS0038454; 6 Ob 132/10w.

unwirksam war.[169] Aus einem Rechtsgeschäft, das *ex lege ex tunc* absolut nichtig ist, kann kein Anspruch und insbesondere keine Forderung entstehen, die zur Aufrechnung und somit zur Heilung ebendieses nichtigen Rechtsgeschäfts führen könnte.[170] Damit ist mE nicht ersichtlich, wie es zu einer Heilung von wegen des Verbots der Einlagenrückgewähr *ex lege* absolut nichtigen Geschäften kommen können sollte. Schließlich sind absolut nichtige Rechtsgeschäfte nur durch Neuabschluss zu sanieren.[171]

ME kann auch *Schopper*[172] nicht dahingehend ausgelegt werden, dass er hier eine echte Heilung *ex lege* absolut nichtiger Rechtsgeschäfte für möglich hielte. Schließlich definiert *Schopper*[173] in jenem Zusammenhang „Heilung" wie folgt:

> In diesem Sinne soll der Begriff der Heilung auch hier verstanden werden: Ein Verstoß gegen das Verbot der Einlagenrückgewähr ist ein Transfer von Gesellschaftsvermögen in die Sphäre des Gesellschafters ohne Einhaltung der dafür zwingend vorgesehenen Vorschriften. „Geheilt" ist ein Verstoß gegen das Verbot der Einlagenrückgewähr, wenn nachträglich außergerichtliche Maßnahmen zur Sanierung des Verstoßes gesetzt wurden, die dazu führen, dass die mit dem Verstoß verbundenen Rechtsfolgen entfallen.[174]

14.9.3. Aufrechnung durch die Gesellschaft

Möglich ist nach der Rechtsprechung etwa eine „Heilung" durch Aufrechnung durch die Gesellschaft, wenn die Gesellschafterforderung unbestritten, fällig und vollwertig ist,[175] oder eine „Heilung" durch nachträgliche Widmung eines Dividendenanspruchs auf den ursprünglich unzulässigen Vermögenstransfer.[176] Auch das ist mE zumindest insoweit nicht nachzuvollziehen, weil es mE hier zu keiner Heilung im eigentlichen Sinn kommen kann (siehe schon 14.9.2.). Die **Tilgung** eines Rückzahlungsanspruches aus verbotener Einlagenrückgewähr durch Aufrechnung mag unter den genannten Voraussetzungen (Gesellschafterforderung unbestritten, fällig und vollwertig) zulässig und rechtens sein. Ich vermag allerdings nicht zu erkennen oder nachzuvollziehen, wie dadurch ein von vornherein *ex lege* absolut nichtiges Rechtsgeschäft geheilt werden oder irgendwie aufleben können sollte.

14.9.4. Aufrechnung durch den (mittelbaren) Gesellschafter etc

Ebenso wie die ursprüngliche Aufbringung der Stammeinlage nicht durch Aufrechnung erfolgen kann, ist auch eine Aufrechnung gegen Ansprüche aus ver-

169 6 Ob 39/03h.
170 Vgl 6 Ob 207/20i ErwGr 3.2 mit Verweis auf 6 Ob 114/17h und 6 Ob 128/17t.
171 Vgl 3 Ob 167/16d ErwGr 2.6.
172 *Schopper*, Heilung von Verstößen gegen das Verbot der Einlagenrückgewähr, ecolex 2019, 736.
173 *Schopper*, Heilung von Verstößen gegen das Verbot der Einlagenrückgewähr, ecolex 2019, 736.
174 *Schopper*, Heilung von Verstößen gegen das Verbot der Einlagenrückgewähr, ecolex 2019, 736.
175 OLG Innsbruck 27.4.2023, 3 R 26/23g ErwGr 2.2 mwN; vgl 6 Ob 128/17t; 6 Ob 207/20i.
176 OLG Innsbruck 27.4.2023, 3 R 26/23g, verweisend auf *H. Foglar-Deinhardstein* in *H. Foglar-Deinhardstein/Aburumieh/Hoffenscher-Summer*, GmbHG § 82 Rz 168 mwN; vgl 6 Ob 84/17x.

botener Einlagenrückgewähr nicht zulässig.[177] Der Zweck des § 83 GmbHG liegt darin, der Gesellschaft das ihr entzogene Kapital alsbald wieder zu verschaffen.[178] Neben § 83 GmbHG, der einen Rückforderungsanspruch der Gesellschaft bei verbotener Einlagenrückgewähr vorsieht, kann sich die Gesellschaft allerdings auch auf allgemeines Bereicherungsrecht stützen.[179] Dies ist insbesondere dann notwendig, wenn die in § 83 Abs 5 GmbHG normierte fünfjährige Verjährungsfrist für den Rückforderungsanspruch bereits abgelaufen ist. Der OGH stellte klar, dass das zu § 83 GmbHG entwickelte Aufrechnungsverbot nicht auf einen auf allgemeines Bereicherungsrecht gestützten Rückforderungsanspruch übertragen werden kann.[180] Somit gilt Folgendes:

a. Stützt sich somit die Gesellschaft (innerhalb der fünfjährigen Verjährungsfrist) auf § 83 GmbHG, dann kann der Gesellschafter gegen den Rückforderungsanspruch nicht aufrechnen;[181]
b. Stützt sich die Gesellschaft hingegen auf allgemeines Bereicherungsrecht, dann besteht kein Aufrechnungsverbot.[182]

14.9.5. Nachträglicher Wegfall eines Tatbestandsmerkmals

Verbotene Einlagenrückgewähr heilt insbesondere nicht durch den nachträglichen Wegfall eines Tatbestandsmerkmals des § 82 GmbHG.[183] Das gilt auch für den Wegfall der Gesellschafterstellung (siehe 18.5.).

14.9.6. Nachträgliche Wertäquivalenz

Bei der Prüfung, ob ein drittvergleichsfähiges Geschäft vorliegt, ist nach der hA auf den **Zeitpunkt des Vertragsabschlusses** abzustellen.[184] Für Fälle nachträglicher Wertäquivalenz geht *Schopper*[185] davon aus, dass idR eine Teilnichtigkeit anzunehmen sein wird. Das ist ebenso wie der Denkansatz einer möglichen „Heilung“ (siehe 14.9.2.) mE nicht mit der absoluten Nichtigkeit[186] der gegen das Verbot der Einlagenrückgewähr verstoßenden Rechtsgeschäfte in Einklang zu bringen. Schließlich wirkt die absolute Nichtigkeit *ex tunc*,[187] sie bewirkt also, dass der

177 6 Ob 180/18s ErwGr 2.
178 RS0130869.
179 RS0128167.
180 6 Ob 206/17p.
181 6 Ob 180/18s; 6 Ob 226/20h; 6 Ob 132/10w; 6 Ob 110/12b; 6 Ob 72/16f.
182 Vgl 6 Ob 180/18s; 6 Ob 128/17t; 6 Ob 207/20i.
183 Vgl *Schopper*, ecolex 2019, 736.
184 *Alexander Schopper*, Heilung von Verstößen gegen das Verbot der Einlagenrückgewähr, ecolex 2019, 736 (739 f) mit Verweis auf 6 Ob 132/10w; *Kalss*, Kredite und Sicherheiten im Lichte der Einlagenrückgewähr, in *Konecny*, Insolvenz-Forum 2015, 125 (128); *Köppl* in *U. Torggler*, GmbHG § 82 Rz 18; *H. Foglar-Deinhardstein* in FAH, GmbHG § 82 Rz 98.
185 *Alexander Schopper*, Heilung von Verstößen gegen das Verbot der Einlagenrückgewähr, ecolex 2019, 736 (740).
186 RS0117033 (T2); RS0105535.
187 RS0038454; 6 Ob 132/10w ErwGr 2.1 mwN.

Vertrag jedenfalls von Anfang an unwirksam war.[188] Dadurch ist mE ausgeschlossen, dass das von vornherein absolut nichtige Geschäft durch nachträglich hervorkommende Umstände wieder auflebt, schließlich lebte es nie (siehe 14.9.2.).

14.9.7. Errichtende Umwandlung in Personengesellschaft

Auch zB die errichtende Umwandlung einer Kapitalgesellschaft in eine Personengesellschaft saniert verbotene Einlagenrückgewähr (wie zB einen nichtigen Pfandbestellungsvertrag) nicht.[189]

14.9.8. Aufzahlung (gegen den Willen der Gesellschaft)

Ein Gesellschafter hat kein Wahlrecht, allenfalls auch gegen den Willen der Gesellschaft auf einen angemessenen Preis „aufzuzahlen" und damit das Geschäft zu retten.[190] In der Literatur wird die Auffassung vertreten, der hypothetische Parteiwille könne nicht nur eine dem Verbotszweck bereits ausreichend entsprechende Teilnichtigkeit rechtfertigen, wenn die Parteien den Vertrag ohne die verbotswidrige Bestimmung geschlossen hätten; vielmehr führe er darüber hinaus zum Recht des Gesellschafters, allenfalls auch gegen den Willen der Gesellschaft auf einen angemessenen Preis „aufzuzahlen" und damit das Grundgeschäft zu retten.[191] Da diese Auffassung allerdings letztlich den Schutz des verbotswidrig Handelnden vor den Schutz der durch das Verbot Geschützten stellen würde, lehnt der OGH ein derartiges Wahlrecht des Gesellschafters gegen den Willen der Gesellschaft ab.[192]

14.9.9. Neuabschluss des Rechtsgeschäfts

Auch ein Neuabschluss des Rechtsgeschäfts (mit zulässigen Bedingungen) ändert nichts an der Nichtigkeit des früheren Geschäfts,[193] kann aber sinnvoll sein, um das wirtschaftliche Ziel und vor allem Rechtssicherheit zu erreichen.

188 6 Ob 39/03h.

189 3 Ob 167/16d ErwGr 2; RS0117033 (T3).

190 RS0117033 (T4); 6 Ob 195/18x.

191 *Böhler*, Nichtigkeit des Geschäfts bei verdeckter Einlagenrückgewähr? ÖBA 2004, 433 (438), die für ein einseitiges Anpassungsrecht des Gesellschafters eintritt, wenn dies der Gesellschaft (von *Böhler* für den Regelfall bejaht) auch zumutbar ist; vgl auch *Chr. Nowotny*, Verdeckte Ausschüttung und Bestätigungsvermerk, RdW 1988, 23; *U. Torggler*, Voraussetzungen und Folgen einer „verdeckten Einlagenrückgewähr", insb bei unangemessenen Mietzinsvereinbarungen zu Lasten der Gesellschaft, wbl 2011, 69 (72).

192 6 Ob 195/18x ErwGr 3.3; ebenso *Rüffler*, GesRZ 2011, 47 (Entscheidungsanmerkung); *Karollus*, ecolex 2008, 47 (49); *Koppensteiner*, Nichtigkeit wegen Einlagenrückgewähr verbotswidriger Verträge? in FS Reich-Rohrwig (2014) 117 (128); *Reich-Rohrwig*, Grundsatzfragen der Kapitalerhaltung bei der AG, GmbH sowie GmbH & Co KG (2004) 163; *Bollenberger*, RdW 2008, 7 (10); vgl auch die Überlegungen von *Bauer/Zehetner* in *Straube/Ratka/Rauter*, WK zum GmbHG § 82 Rz 77 zur Problematik der Bewertung der Gegenleistung; *Artmann* in *Artmann/Karollus*, AktG^6 (2018) § 52 Rz 72 und *Auer* in *Gruber/Harrer*, GmbHG^2 § 82 Rz 64 f insbesondere bei Weggabe betriebsnotwendigen Vermögens oder Geschäften, die von vornherein nicht im betrieblichen Interesse der Gesellschaft sind.

193 Vgl 3 Ob 167/16d ErwGr 2.6.

14.9.10. Vergleich über den Rückerstattungsanspruch

Gemäß § 83 Abs 4 GmbHG können Zahlungen, die aufgrund von Verstößen gegen das Verbot der Einlagenrückgewähr zu leisten sind, sprich die **Rückzahlungsansprüche**, den Verpflichteten **weder ganz noch teilweise erlassen werden**. Nach einigen Stimmen in der Lehre[194] stünde § 83 Abs 4 GmbHG unter gewissen Voraussetzungen (wie zB Unsicherheiten in tatsächlicher oder rechtlicher Hinsicht, Drittvergleichsfähigkeit etc) einem Vergleich über Rückzahlungsansprüche aus verbotener Einlagenrückgewähr nicht entgegen. Weil keine Pflichtverletzung in Hinblick auf jene in der Lehre erwähnten Kriterien behauptet wurde, beantwortete der OGH in einer rezenten Entscheidung letztlich nicht, ob eine Liquidatorin, die sich über solche Ansprüche verglich, pflichtwidrig handelte.[195]

ME wäre ein **Vergleich über Rückzahlungsansprüche** aus verbotener Einlagenrückgewähr in Anbetracht des **Verbots der Disposition über den Rückgewähranspruch in § 83 Abs 4 GmbHG** („*Zahlungen, die auf Grund der vorstehenden Bestimmungen zu leisten sind, können den Verpflichteten weder ganz noch teilweise erlassen werden*") **direkt gesetzwidrig** und ebenso wie der erste Verstoß gegen das Verbot der Einlagenrückgewähr gem § 879 Abs 1 ABGB **absolut nichtig**. Zulässig könnte es hier mE uU nur sein, nach einem formellen Anerkenntnis des gesamten Rückzahlungsanspruchs aus verbotener Einlagenrückgewähr – zB wegen Uneinbringlichkeit, etwa im Rahmen einer außergerichtlichen Sanierung – einen Ratenvergleich über die Modalitäten der Rückzahlung des gesamten Betrags zu schließen. Dem müsste mE allerdings eine gründliche Bonitätsprüfung vorausgehen, damit hier aufseiten des stundenden Geschäftsführers, Liquidators oder Insolvenzverwalters kein schadenersatzpflichtiger Sorgfaltsverstoß verwirklicht wird. Im Zweifel wäre daher mE auch bei fehlender Bonität des Schuldners des Rückzahlungsanspruches mit einem Insolvenzantrag vorzugehen, schließlich könnte das Verbot der Disposition über den Rückgewähranspruch in § 83 Abs 4 GmbHG nicht deutlicher sein. Dabei kann es hilfreich sein, dass das **Verbot der Einlagenrückgewähr sicherlich auch von einem Insolvenzgericht von Amts wegen wahrzunehmen** ist,[196] was die Anspruchsbescheinigung erleichtern und eine rasche Alternative zu einem Zivilprozess sein kann. Begründete Insolvenzanträge sollen sich zuweilen auch überraschend positiv auf die Zahlungsfähigkeit und Zahlungsmoral einiger Anspruchsgegner ausgewirkt haben.

14.9.11. Nachträglicher Gesellschafterzuschuss

Nach dem OLG Innsbruck soll grundsätzlich die „Heilung" (siehe dazu 14.9.2.) verbotener Einlagenrückgewähr durch die nachträgliche Leistung eines Gesell-

194 *Foglar-Deinhardstein* in FAH (2017), GmbHG § 83 Rz 19; *Auer* in *Gruber/Harrer*, GmbHG[2] (2018) § 83 Rz 27, jeweils mwN; siehe auch 6 Ob 219/18a ErwGr 4.

195 6 Ob 219/18a ErwGr 4.

196 RS0117033; RS0112744 (T1).

schafterzuschusses oder durch nachträgliche Anpassung der unangemessenen Konditionen eines Rechtsgeschäfts samt Beseitigung aller negativen Folgen für die Gesellschaft in der Vergangenheit möglich sein.[197] Auch das ist mE verfehlt, siehe 14.9.2. Das OLG Innsbruck geht davon aus, dass eine verbotene Einlagenrückgewähr, welche durch die unberechtigte Entnahme von Geld aus dem Gesellschaftsvermögen durch einen Gesellschafter entstanden ist, unter anderem dadurch „geheilt" werden könne, dass der die ursprüngliche Entnahme tätigende Gesellschafter die entnommenen Geldmittel im Wege eines Gesellschafterzuschusses wieder dem Gesellschaftsvermögen zukommen lässt.[198] Das ist aber mE keine Heilung, sondern eine einfache **Erfüllung des Rückerstattungsanspruchs** aus verbotener Einlagenrückgewähr (zu den damit zu leistenden Zinsen siehe unten 29.).

Der Rückforderungsanspruch nach § 83 Abs 1 GmbHG stellt nicht rein auf den abstrakten Vermögensstand der Gesellschaft und deren Eigenkapital sowie den rein wertmäßigen Ausgleich ab, sondern ist als **zivilrechtlicher Anspruch** zu behandeln. Das bloß betragsmäßige Wiederauffüllen des Eigenkapitals durch einen Gesellschafterzuschuss ohne Verknüpfung zur verbotenen Entnahme bewirkt nicht schon *per se* eine Heilung (besser: Erfüllung des Rückzahlungsanspruchs, siehe 14.9.11. und 14.9.2.) der verbotenen Einlagenrückgewähr.[199] Der Rückforderungsanspruch nach § 83 Abs 1 GmbHG bleibt trotz dieser nachträglichen Erhöhung im Eigenkapital der Gesellschaft aufrecht bestehen.[200] Damit droht uU eine **Haftungsfalle für Berater**, die zwar zur Rückzahlung raten, aber nicht dazu raten, die Rückzahlung auch als solche, sondern als Zuschuss zu widmen.

14.9.12. Nachträgliche Kapitalherabsetzung oder Kapitalerhöhung

Eine zeitlich nach der verbotenen Entnahme erfolgende ordentliche Kapitalherabsetzung, die nicht die Sanierung der Entnahme zum Ziel hat, bewirkt **keine nachträgliche Heilung einer verbotenen Einlagenrückgewähr**. [201] Nachträgliche Änderungen des Gesellschaftsvermögens und Eigenkapitals der Gesellschaft, sei es durch die weitere wirtschaftliche Entwicklung der Gesellschaft, äußere Umstände oder durch bewusste Kapitalmaßnahmen wie Kapitalerhöhungen oder Kapitalherabsetzungen, sind für den zivilrechtlichen Rückforderungsanspruch nach § 83 Abs 1 GmbHG grundsätzlich ohne weitere Bedeutung.[202]

197 OLG Innsbruck 27.4.2023, 3 R 26/23g ErwGr 2.1 mwN, verweisend auf *H. Foglar-Deinhardstein*, Schwere Kost – Neues zur verbotenen Einlagenrückgewähr bei der verdeckten Kapitalgesellschaft und zur Abschlussprüferhaftung, GES 2021, 159 (166).

198 OLG Innsbruck 27.4.2023, 3 R 26/23g ErwGr 2.1.

199 RI0100174; vormalige Bezeichnung des RS: RI0100144; OLG Innsbruck 27.4.2023, 3 R 26/23g.

200 RI0100174; vormalige Bezeichnung des RS: RI0100144; OLG Innsbruck 27.4.2023, 3 R 26/23g.

201 OLG Innsbruck 27.4.2023, 3 R 26/23g.

202 OLG Innsbruck 27.4.2023, 3 R 26/23g.

14.9.13. Keine Gegenrechnung mit Eigenkapital

Das Verbot der Einlagenrückgewähr erfasst das gesamte aktuelle Vermögen der Gesellschaft und nicht nur den dem Stammkapital entsprechenden Teil.[203] Auch der Rückforderungsanspruch nach § 83 Abs 1 GmbHG gegen den verstoßenden Gesellschafter ist nicht auf einen Abgang am Stammkapital beschränkt oder nur im Umfang einer allfälligen Unterbilanz bemessen. Vielmehr ist der **Rückforderungsanspruch unabhängig vom Stand des Eigenkapitals in der Gesellschaftsbilanz**. Dieser Schutzumfang der Kapitalerhaltungsvorschriften der §§ 82, 83 GmbHG erfasst nicht nur den Zeitpunkt der verbotenen Einlagenrückgewähr selbst. Er bezieht sich ebenso auf den nachfolgenden Zeitraum, bis das Gesellschaftsvermögen wieder ausgeglichen ist. Es ist daher ohne Bedeutung, ob zwischenzeitlich – beispielsweise durch unternehmerische Gewinnerwirtschaftung, Wertsteigerungen im Vermögen der Gesellschaft oder sonstige äußere Umstände – die mit dem Verstoß entstandene Reduktion im Eigenkapital und im Gesellschaftsvermögen betraglich wieder neutralisiert wurde. Solche nachträglichen Änderungen sind unbeachtlich. Ein nachträglich erzielter Bilanzgewinn (ohne Ausschüttung an die Gesellschafter und Aufrechnung durch die Gesellschaft) oder sonstiger Vermögenszuwachs kann also nicht als Ausgleich einer unzulässigen Vermögensentnahme in der Bilanz gegenverrechnet und zur Sanierung einer verbotenen Einlagenrückgewähr herangezogen werden.[204]

14.9.14. Keine Zession nichtiger Forderungen, kein Gutglaubenserwerb

Wie *Schopper*[205] treffend aufzeigt, ist die von manchen Stimmen in der Literatur vertretene Ansicht, dass die Rechtsfolgen des Verbots der Einlagenrückgewähr nicht für den Erwerber einer gegen das Verbot der Einlagenrückgewähr verstoßenden Forderung im Wege der Zession gelten,[206] verfehlt. Schließlich steht dem die absolute Nichtigkeit des Rechtsgeschäfts entgegen, sodass keine zu zedierende Forderung entstehen kann (vgl auch oben 14.9.2.): *Nemo plus iuris transferre potest quam ipse habet.*

Daher ist auch ein **gutgläubiger Erwerb** einer gegen das Verbot der Einlagenrückgewähr verstoßenden und daher nichtigen Forderung **ausgeschlossen**, sodass die Gesellschaft die Leistung an den (vermeintlichen) Zessionar unter Berufung auf die Nichtigkeit verweigern kann und mE auch muss.[207] Hat die Kapital-

203 RS0105518.
204 OLG Innsbruck 27.4.2023, 3 R 26/23g.
205 *Alexander Schopper*, Heilung von Verstößen gegen das Verbot der Einlagenrückgewähr, ecolex 2019, 736.
206 Siehe *Köppl* in *U. Torggler*, GmbHG (2014) § 83 Rz 8; referierend *H. Foglar-Deinhardstein* in FAH, GmbHG § 83 Rz 9.
207 Vgl im Ergebnis *Alexander Schopper*, Heilung von Verstößen gegen das Verbot der Einlagenrückgewähr, ecolex 2019, 736; vgl *Thöni* in *Klang*³ (2011) § 1394 Rz 3 ff und § 1396 Rz 10; *Neumayr* in KBB⁵ (2017) § 1394 Rz 1 und §§ 1395–1396 Rz 4.

gesellschaft an den Zessionar bereits geleistet, steht ihr die Leistungskondiktion gegen den Zessionar zu.[208]

14.9.15. Keine Konfusion durch Abtretung des Erstattungsanspruchs

Die Abtretung von Ansprüchen, die der Gesellschaft aus einer verbotenen Einlagenrückgewähr zustehen, an einen Gesellschafter ist nur dann zulässig, wenn dafür eine **werthaltige Gegenleistung** erbracht wird.[209] Es läuft im Ergebnis auf einen gem § 83 Abs 4 GmbHG *ex lege* **unzulässigen Erlass der Rückgewährpflicht** hinaus, wenn der Rückgewährschuldner selbst Zessionar sein könnte, weil diesfalls seine Rückgewährpflicht kraft Konfusion erlöschen würde.[210]

14.9.16. Forderungseinlösung durch Dritte

Der Rückzahlungsanspruch der Gesellschaft aus verbotener Einlagenrückgewähr **kann auch durch Dritte** im Zuge einer Erfüllung einer fremden Schuld (vgl ua §§ 1358, 1422 ABGB) erfüllt werden.[211] Wer die Schuld eines anderen, für die er nicht haftet, bezahlt, kann vor oder bei der Zahlung vom Gläubiger die Abtretung seiner Rechte verlangen; hat er dies getan, so wirkt die Zahlung als Einlösung der Forderung (§ 1422 ABGB). Wer eine fremde Schuld bezahlt, für die er persönlich oder mit bestimmten Vermögensstücken haftet, tritt nach § 1358 ABGB *ex lege* in die Rechte des Gläubigers und ist befugt, vom Schuldner den Ersatz der bezahlten Schuld zu fordern. Der Begriff der „*Zahlung*" nach diesen Gesetzesstellen ist jenem in § 1412 ABGB gleichzustellen.[212] Das bedeutet, dass die Leistung des Dritten der Verpflichtung des Schuldners entsprechen muss, was insbesondere Zeit, Ort und Art der Leistung betrifft.[213] Zu Zinsen siehe 29. Wie die Zahlung des Schuldners selbst erfordert aber auch die Zahlung des Dritten einen **offenkundigen Bezug zwischen Leistung und Schuld.**[214] Daher liegt keine Erfüllung vor, wenn zB ein Zuschuss ohne einen solchen Bezug und losgelöst vom Kontext des Rückforderungsanspruchs, etwa im Rahmen einer sonstigen Kapitalerhöhung oder eines freien Zuschusses an die Gesellschaft, erfolgte.[215] Zum nicht als Rückzahlung verbotener Einlagenrückgewähr gewidmeten Gesellschafterzuschuss siehe auch 14.9.11.

---

208 Siehe auch *Alexander Schopper*, Heilung von Verstößen gegen das Verbot der Einlagenrückgewähr, ecolex 2019, 736.

209 Vgl 6 Ob 114/17h ErwGr 8.2 mit Verweis auf *Bauer/Zehetner* in *Straube/Ratka/Rauter*, GmbHG § 83 Rz 26 mwN und auf *Ekkenga* in MünchKomm GmbHG² § 31 Rz 18.

210 *Ekkenga* in MünchKomm GmbHG² § 31 Rz 18; vgl 6 Ob 114/17h ErwGr 8.2 mit Verweis auf *Bauer/Zehetner* in *Straube/Ratka/Rauter*, GmbHG § 83 Rz 26 mwN.

211 OLG Innsbruck 27.4.2023, 3 R 26/23g mwN ErwGr 4.2.

212 RS0033109; OLG Innsbruck 27.4.2023, 3 R 26/23g mwN ErwGr 4.2.

213 2 Ob 12/10v.

214 OLG Innsbruck 27.4.2023, 3 R 26/23g mwN ErwGr 4.2.

215 OLG Innsbruck 27.4.2023, 3 R 26/23g mwN ErwGr 4.3.

15. Vorrang des Anfechtungsrechts (IO) vor Einlagenrückgewähr

Wie in 18.3. näher ausgeführt, genießt das Anfechtungsrecht nach den §§ 27 ff IO Vorrang vor dem Verbot der Einlagenrückgewähr.[216]

16. Verbotene Insichgeschäfte und verbotene Einlagenrückgewähr

Es gibt Parallelen der Anspruchsgrundlagen und Rechtsfolgen der verbotenen Einlagenrückgewähr zu jenen nichtiger Insichgeschäfte. Daher ist es oftmals ratsam, sich **bei der Führung entsprechender Klagen auf beide Rechtsfiguren zu stützen**, weil **nichtige Insichgeschäfte oftmals (noch) leichter zu beweisen** sind als verbotene Einlagenrückgewähr. Und auch die Nichtigkeit von Insichgeschäften ist (zB von Grundbuchsgerichten) von Amts wegen wahrzunehmen, und zwar insbesondere bei Bedenken gegen das Bestehen und den Umfang der Vertretungsmacht dessen, der eine Vertragsurkunde im Vollmachtsnamen eines Vertragspartners unterfertigt hat.[217] Dies gilt auch für die Vertretungsmacht organschaftlicher Vertreter, die für eine juristische Person eingeschritten sind.[218]

Insichgeschäfte sind dadurch gekennzeichnet, dass ein Vertreter rechtsgeschäftliche Wirkungen für und gegen den von ihm Vertretenen durch Willenserklärung an sich selbst erzeugt, wobei er entweder als Vertreter und zugleich auch im eigenen Namen für sich selbst (**Selbstkontrahieren**) handelt oder als Vertreter einer natürlichen oder juristischen Person und zugleich als Vertreter einer anderen natürlichen oder juristischen Person (**Doppelvertretung** oder **Mehrfachvertretung**).[219]

Selbstkontrahieren des Vertreters ist nur dann zulässig, wenn es der Machtgeber gestattet hat bzw nachträglich genehmigt oder wenn jede Gefährdung des Machtgebers ausgeschlossen ist.[220] Ohne Zustimmung oder Genehmigung könnte ein Insichgeschäft nur dann zulässig sein, wenn dadurch die Gefahr einer Interessenkollision nicht einmal zu befürchten ist und der Abschlusswille des Selbstkontrahierenden seinem Auftraggeber gegenüber in einer eine unkontrollierbare Zurücknahme ausschließenden Form geäußert wird.[221]

Insichgeschäfte sind demnach nur dann zulässig, wenn das Geschäft dem Vertretenen nur Vorteile bringt, keine Gefahr der Schädigung des Vertretenen besteht

216 3 Ob 51/10m; ÖBA 2011, 407 *(Karollus)*; dazu auch *Trenker*, NZ 2012, 359; *Rebernig/Schmidsberger*, ZIK 2010, 162; *Kalss/Eckert* in *Konecny*, Insolvenz-Forum 2007, 75 ff.

217 RS0060604.

218 5 Ob 269/08g mwN; 5 Ob 48/21a ErwGr 1.1, 1.2; RS0019621; RS0060604 (T 4); 5 Ob 146/17g; *Weigand* in *Kodek*, Grundbuchsrecht² § 31 GBG Rz 80 f mwN.

219 RS0019621.

220 RS0028129.

221 Vgl RS0059793, RS0108252.

oder dieser einwilligt.[222] Die **Beweislast** für die die Zulässigkeit begründenden Umstände trifft denjenigen, der sich darauf beruft.[223]

Eine Interessenkollision ist aber nicht erst dann anzunehmen, wenn durch das Insichgeschäft die Interessen des Vertretenen tatsächlich verletzt wurden, sondern auch dann, wenn ihre Verletzung nur wahrscheinlich ist, sohin schon bei einer bloß abstrakten Gefahr.[224] Soweit die Gefahr einer Interessenkollision droht, handelt der Machthaber bei Doppelvertretung ebenso wie bei Selbstkontrahieren im engeren Sinn (ebenso wie bei verbotener Einlagenrückgewähr, siehe oben 11.) insoweit ohne Vertretungsmacht.[225]

Das Insichgeschäft muss vom gefährdeten Machtgeber entweder durch vorher erteilte Einwilligung oder durch nachträgliche Genehmigung gedeckt sein. Dabei kann diese Zustimmung oder Genehmigung nicht wiederum vom Vertreter erteilt werden.[226]

17. Eigenkapitalersatz und Einlagenrückgewähr

17.1. Eigenkapitalersatz in Österreich, BGH-Regeln und EKEG

Die ältere Rechtsprechung, die die Regelungen zum Verbot der Einlagenrückgewähr auf die Rückleistung eigenkapitalersetzender Leistungen während der Krise analog anwandte, ist nach der Rechtsprechung des OGH seit Erlassung des EKEG überholt.[227] Mit der Kodifikation des EKEG wurden insbesondere eigenkapitalersetzende Nutzungsüberlassungen und das Stehenlassen von vor der Krise gewährten Darlehen nicht mehr tatbestandsmäßig im Sinne des Eigenkapitalersatzrechts, sie waren es aber von der Übernahme der BGH-Regeln durch den OGH im Jahr 1991[228] bis zur Kodifikation des EKEG[229] im Jahr 2004. Das ist eine **bedauerliche und vermeidbare Einschränkung**, weil zB der BGH die deutsche Kodifikation des Eigenkapitalersatzrechts, die der OGH bis zur Kodifikation des EKEG auch in Österreich anwandte, nicht einschränkend verstand, sondern ungeachtet dessen die vor der deutschen Kodifikation zwischen 1938 und 1980 entwickelten „BGH-Regeln" auch weiterhin anwandte.[230]

222 Vgl RS0059793 (T4).
223 Vgl 6 Ob 34/07d.
224 Vgl RS0019639; *J. Reich-Rohrwig* in *Straube/Ratka/Rauter*, GmbHG § 25 Rz 106, 272 f mwN.
225 1 Ob 64/00v = SZ 74/14 = RS0060604 (T11).
226 RS0019350.
227 Vgl RS0060076 (T19).
228 8 Ob 9/91= ecolex 1991, 697 = EvBl 1991/179 = GesRZ 1991, 162 = EWiR 1992, 163 mit Anm *Brandes* = JAP 1991/92, 264 mit Anm *P. Bydlinski* = RdW 1991, 290 = wbl 1991, 398 mit Anm *Ostheim* = ZVglRWiss 92 (1993), 175 ff mit Anm *Marhold/Gimmy*.
229 Eigenkapitalersatz-Gesetz, BGBl I Nr 92/2003.
230 Siehe im Detail *Raoul Wagner*, Eigenkapitalersatz: Typisierende Kodifikation vs Minimalkodifikation nach US-Vorbild, ecolex 2002, 748; BGHZ 90, 371; siehe zB auch *Schummer*, ÖJZ 1996, 241 (243).

17.2. Exkurs zum US-Eigenkapitalersatzrecht[231]

In den USA wurde mE ein besserer Weg zur Kodifikation des Eigenkapitalersatzrechts gewählt als in Deutschland und Österreich. Auch in den USA begann sich im Jahr 1939, nur ein Jahr später als in Deutschland, Eigenkapitalersatzrecht als Richterrecht zu entwickeln *(Deep Rock Doctrine, equitable subordination)*. Ähnlich wie in Deutschland und Österreich kam es in den USA erst viel später (1978) zur bundesweiten Kodifikation des Eigenkapitalersatzrechts (§ 510 des 1978 Bankruptcy Reform Act). Der US-Gesetzgeber versuchte aber im Gegensatz zur deutschen und österreichischen Kodifikation gar nicht erst, die zuvor (nur) als Richterrecht in Erscheinung getretene *equitable subordination* bei der Kodifikation zu typisieren oder einzuschränken. Die Kodifikation in 11 USC § 510 schuf nur eine minimalistische gesetzliche Basis für das bisherige und weiterzuentwickelnde Richterrecht und ließ den Gerichten Spielraum für die stets zeitgerechte Entwicklung einer komplexen Rechtsmaterie, deren Regeln so laufend durch Judikate an den Bedarf der Eindämmung immer „kreativerer" gläubigerschädigender Unternehmensfinanzierungskonstruktionen angepasst werden kann.

17.3. Rückzahlungssperre gem § 14 EKEG und Einlagenrückgewähr

Das EKEG soll einen angemessenen **Ausgleich zwischen Gläubigerschutz und Finanzierungsfreiheit** schaffen: Es bleibt grundsätzlich den Gesellschaftern überlassen, ob und wann sie die Gesellschaft finanzieren. In der Krise der Gesellschaft gilt aber, dass das Risiko des Misslingens der Sanierung der Gesellschaft nicht auf deren Gläubiger überwälzt werden soll.[232] **Eigenkapitalersetzende Leistungen sind nicht verboten.** Als Rechtsfolge sieht § 14 EKEG allerdings schon außerhalb eines Insolvenzverfahrens **bis zur Sanierung der Gesellschaft eine Rückzahlungssperre** (§ 14 EKEG) vor.[233] Eigenkapitalersetzende Darlehen dürfen bis zur nachhaltigen Sanierung der Gesellschaft weder mittelbar noch unmittelbar zurückgezahlt werden. Diese Grundsätze gelten auch in der Insolvenz und in der Liquidation der Gesellschaft und führen dazu, dass Ansprüche aus eigenkapitalersetzenden Gesellschafterdarlehen hinter die Ansprüche der übrigen Gläubiger zurückzutreten haben. Erst wenn die übrigen Gläubiger befriedigt sind und in der Liquidation noch verteilungsfähiges Vermögen vorhanden ist, sind Forderungen aus eigenkapitalersetzenden Gesellschaftsdarlehen vor der Berechnung der allgemeinen Verteilungsquote zu befriedigen.[234] Wenn der Gesellschafter als Bürge oder Pfandschuldner einem

231 Siehe *Raoul Wagner*, Eigenkapitalersatz: Typisierende Kodifikation vs Minimalkodifikation nach US-Vorbild, ecolex 2002, 748 mwN.

232 6 Ob 154/19v ErwGr 1.1 mit Verweis auf *Schopper/Vogt* in *Koller/Lovrek/Spitzer* (Hrsg), IO, Vor § 1 EKEG Rz 3 mwN.

233 6 Ob 154/19v ErwGr 1.1; RS0060076; siehe zB auch *Schopper/Vogt* in *Koller/Lovrek/Spitzer* (Hrsg), IO^2 § 1 EKEG Rz 5.

234 RS0060076 (T 3).

Gläubiger der Gesellschaft zahlt, konnte er nach „altem Eigenkapitalersatzrecht" (vor Inkrafttreten des EKEG, siehe 17.1.) erst dann Regress nehmen, wenn die Gesellschaft wieder kreditwürdig wurde. Die Rückzahlungssperre besteht bis zur „nachhaltigen Sanierung" der Gesellschaft. Die **Beweislast** dafür, dass die Gesellschaft wieder kreditwürdig bzw saniert ist, trifft den Gesellschafter.[235]

Der Regressanspruch wird wie ein eigenkapitalersetzender Kredit behandelt, dh derselben Rückzahlsperre unterworfen. Es kommt also darauf an, dass die Gesellschaft weder zahlungsunfähig noch überschuldet ist noch Reorganisationsbedarf besteht und dass auch nicht einer dieser Umstände durch die Leistung des Regresses entstehen würde. Hinsichtlich des Reorganisationsbedarfs kommt es nicht allein auf die Kennzahlen an, vielmehr besteht eine Sperre auch bei einem **bloßen Reorganisationsbedarf ohne gleichzeitigem Vorliegen der Kennzahlen**; bei Vorliegen der Kennzahlen wird der Reorganisationsbedarf (lediglich) vermutet. Da ein **Regressanspruch des Gesellschafters**, der eine **eigenkapitalersetzende Sicherheit** bestellt hat, erst entsteht, wenn er die Schuld der Gesellschaft, für die er haftet, zahlt (§ 1358 ABGB), kann es nicht darauf ankommen, ob die Gesellschaft zu einem davor liegenden Zeitpunkt kreditwürdig oder saniert war.[236]

17.4. § 9 Abs 1 EKEG, Konzern und Einlagenrückgewähr

Gemäß § 1 EKEG ist ein Kredit, den eine Gesellschafterin oder ein Gesellschafter der Gesellschaft in der Krise gewährt, Eigenkapital ersetzend. § 5 EKEG definiert den Grundtatbestand des erfassten Gesellschafters, ergänzende Definitionen des erfassten Gesellschafters enthalten §§ 6 bis 11 EKEG. § 9 Abs 1 EKEG regelt ausweislich seiner Überschrift („Konzern") die Kreditgewährung im Konzern (Hervorhebungen hinzugefügt):

§ 9 EKEG

Konzern

(1) Ist der Kreditgeber mit anderen rechtlich selbständigen Unternehmen zu wirtschaftlichen Zwecken unter einheitlicher Leitung oder kontrollierender Beteiligung zusammengefasst (Konzern), so gilt der **Kreditgeber** auch **dann als erfasster Gesellschafter**, wenn er **nicht** an der Kredit nehmenden Gesellschaft **beteiligt ist**, er jedoch den **Kredit auf Weisung eines anderen Konzernmitglieds** gewährt, das

1. am Kreditgeber **unmittelbar oder mittelbar kontrollierend** beteiligt ist und
2. erfasster **Gesellschafter des Kreditnehmers** ist.

Der Kreditgeber hat, wenn der Kredit Eigenkapital ersetzend ist, einen **Anspruch auf Erstattung der Kreditsumme** gegen dieses Konzernmitglied. Dieses tritt mit der Erstattung in die Rechtsposition des Kreditgebers ein. Der Anspruch auf Erstattung verjährt in fünf Jahren ab Kreditgewährung.

(2) Gleiches gilt, wenn an der Kredit gebenden und der Kredit nehmenden Gesellschaft jeweils die selbe Person oder Personengruppe im Sinne des Abs. 1 beteiligt ist.

---

235 RS0060076 (T 17).
236 RS0060076 (T 18).

§ 9 EKEG dient im Wesentlichen dazu, Umgehungskonstruktionen durch Einschaltung von Konzerngesellschaften zu erfassen.[237] § 9 Abs 1 Satz 1 EKEG betrifft die Umgehung der Rechtsfolgen des § 14 EKEG. Aber auch die in § 9 Abs 1 Satz 2 und 3 EKEG angeordneten Rechtsfolgen – Rückerstattungsanspruch und Übergang der Rechtsstellung der Kreditgeberin auf die weisungsgebende Gesellschafterin – verfolgen den Zweck, den zugrunde liegenden wirtschaftlichen Vorgang rechtlich korrekt abzubilden. Sie können daher ebenfalls als **Umgehungsschutz** angesehen werden.[238] § 9 EKEG regelt Fälle, in denen typischerweise die (weisungsgebende) Gesellschafterin „Finanzierungsverantwortung" hinsichtlich der Kreditnehmerin trägt. Typischerweise kommt eine Sanierung der kreditnehmenden Gesellschaft der weisungsgebenden Gesellschaft wirtschaftlich zugute. Hingegen besteht typischerweise kein wirtschaftliches Eigeninteresse der Kreditgeberin an der Sanierung der Kreditnehmerin. Durch die Weisung ist das wirtschaftliche Interesse der Gesellschafterin an der Kreditvergabe dokumentiert.[239] Ist die **Weisung kausal für die Kreditgewährung** und gereicht die Kreditgewährung der Kreditgeberin typischerweise zum Nachteil, so bewirkt der Erstattungsanspruch wirtschaftlich gesehen einen Ausgleich für den von der Kreditgeberin aufgrund der Weisung erlittenen Nachteil.[240]

§ 9 Art 1 Satz 2 EKEG ordnet unzweifelhaft den Schutz der Gläubiger der kreditgebenden Gesellschaft an: Es ist offenkundig, dass bei Vorliegen des Zurechnungselements „Weisung" auch diese vor dem **„Einschieben"**[241] **weiterer Konzerngesellschaften** geschützt werden.[242] Ein solcher Schutzzweck kann aber auch im vertikalen Verhältnis zum Tragen kommen.[243] In solchen Konstellationen kommt daher der Weisung als Zurechnungselement zur gemeinsamen Gesellschafterin das entscheidende Gewicht zu. Liegt eine Weisung vor, ist – bei Vorliegen der übrigen Voraussetzungen des § 9 EKEG – auch bei der Kreditgewährung im vertikalen Verhältnis von oben nach unten der Erstattungsanspruch berechtigt.[244]

§ 9 EKEG verlangt keine ausdrückliche Weisung.[245] Der OGH fordert zu dessen Anwendung aber die Ausübung der Lenkungsmöglichkeit der weisungsgebenden Gesellschaft derart, dass eine erkennbar nach außen tretende Willensäußerung der übergeordneten Konzerngesellschaft an die Kreditgeberin herangetragen wird,

237 6 Ob 154/19v ErwGr 9.2 mit Verweis auf (vgl *Kalss*, GesRZ 2015, 302 [303]; *Koppensteiner* in FS Nowotny 370; *Schopper* in *Schopper/Vogt*, Eigenkapitalersatzgesetz § 9 Rz 38: „Vorschieben" eines Konzernmitglieds als Kreditgeber im Weg der Weisung.

238 6 Ob 154/19v ErwGr 9.2.

239 6 Ob 154/19v ErwGr 9.3.

240 6 Ob 154/19v ErwGr 9.4.

241 Vgl *Schopper* in *Schopper/Vogt* § 9 Rz 38.

242 6 Ob 154/19v ErwGr 11.1 mit Verweis auf *Koppensteiner* in FS Nowotny 371 f und vgl *Schopper* in *Schopper/Vogt*, Eigenkapitalersatzgesetz § 9 Rz 38.

243 6 Ob 154/19v ErwGr 11.1.

244 6 Ob 154/19v ErwGr 11.2.

245 6 Ob 154/19v ErwGr 12.1.

die den Handlungsspielraum der Gesellschaft einengt. Diese hat über die bloße Billigung der Kreditgewährung hinauszugehen.[246] Sofern in den Entscheidungsorganen der kreditgebenden Gesellschaft mehrheitlich Mitglieder der Entscheidungsorgane der weisungsgebenden Gesellschaft vertreten sind, erscheint es sachgerecht, unter Berücksichtigung der Umstände des Einzelfalls von herabgesetzten Anforderungen an die Ausprägung der Weisung auszugehen. Dies ist etwa auch dann sachgerecht, wenn die Person, die die „Doppelrolle" innehat, die Möglichkeit hat – etwa aufgrund einer Ressortverteilung –, faktisch die Entscheidungsbefugnis der übrigen Mitglieder der Geschäftsführung einzuengen.[247] Der Inhalt der Weisung muss die Kreditvergabe zumindest miterfassen und für diese (mit-)kausal sein.[248] Die **Beweislast** für das Vorliegen einer Weisung (im dargestellten Sinn) trifft denjenigen, der sich darauf beruft.[249]

Nach einhelliger Auffassung erfasst § 9 Abs 1 EKEG die **Kreditgewährung zwischen Schwestergesellschaften im weiteren Sinn** (Nichten, Großnichten etc) auf Weisung der beiden Gesellschaften übergeordneten Konzerngesellschaft.[250] Unterschiedliche Ansichten bestehen zur Frage, ob auch Kreditvergabe in gerader Linie von oben nach unten den Erstattungsanspruch des § 9 Abs 1 Satz 2 EKEG auslöst.[251]

Nach der mE zutreffenden Ansicht des OGH[252] ist auch die Konstellation einer **von oben nach unten in gerader Linie stattfindenden Kreditvergabe auf Weisung einer Konzerngesellschaft**, die an der kreditgebenden und der kreditnehmenden Gesellschaft im Sinn des § 9 Abs 1 EKEG beteiligt ist, vom Wortlaut der Bestimmung erfasst. § 9 Abs 1 EKEG kann nämlich nur entnommen werden, dass eine Beteiligung der Kreditgeberin an der Kreditnehmerin keine notwendige Voraussetzung für die Anwendung des § 9 EKEG ist.[253] Aus den Materialien ergibt sich, dass der Gesetzgeber den Zweck verfolgte, mit § 9 EKEG den auf Weisung der gemeinsamen Muttergesellschaft erteilten Kredit zwischen Schwestergesellschaften im Konzern zu erfassen und in das Eigenkapitalersatzrecht einzubeziehen. Dieser Zweck wurde im Wege des § 9 Abs 1 Satz 1 EKEG umgesetzt.[254] Für die Abgrenzung des Anwendungsbereichs des § 9 EKEG im Hinblick auf **Downstream-Kreditvergaben** können den Materialien nach Ansicht des OGH allerdings keine Anhaltspunkte entnommen werden.[255] Der in den Erläuterungen

246 6 Ob 154/19v ErwGr 12.1 mwN.
247 6 Ob 154/19v ErwGr 12.2 mit Verweis auf *Karollus* in *Artmann/Rüffler/Torggler*, Gesellschafterpflichten 113.
248 6 Ob 154/19v ErwGr 12.3.
249 Vgl 6 Ob 154/19v ErwGr 12.4.
250 6 Ob 154/19v ErwGr 2.1 mit Verweis auf *Schopper/Vogt* in *Koller/Lovrek/Spitzer*, IO § 9 EKEG Rz 4; *Artmann* in *Karollus/Artmann*, AktG[6] § 52 Rz 60 ua.
251 6 Ob 154/19v ErwGr 2.1.
252 6 Ob 154/19v ErwGr 7.2.
253 6 Ob 154/19v ErwGr 7.2 mit Verweis auf *Kalss*, GesRZ 2015, 304.
254 6 Ob 154/19v ErwGr 8.1.
255 6 Ob 154/19v ErwGr 8.2.

zur Regierungsvorlage nicht begründete Entfall der noch im Ministerialentwurf enthaltenen Regelung des Verhältnisses des Erstattungsanspruchs zur Einlagenrückgewähr gibt in diesem Zusammenhang keine weiteren Aufschlüsse.[256] Der OGH geht zutreffend davon aus, dass der dem Gesetzgeber offenkundig vor Augen stehende Fall des auf Weisung der Konzernmutter während des Vorliegens einer Unternehmenskrise gewährten **Schwesternkredits typischerweise eine verbotene Einlagenrückgewähr darstellt**[257] – dies deshalb, weil die Kreditgeberin typischerweise durch die Kreditvergabe an die in der Krise befindliche Schwestergesellschaft – durch die Rückzahlungssperre des § 14 EKEG und das hohe Ausfallsrisiko – belastet ist, ohne dass dem ein Vorteil gegenüberstünde, wohingegen die weisungsgebende Obergesellschaft typischerweise von der Kreditgewährung an die Konzerngesellschaft, an der sie qualifiziert beteiligt ist, profitiert.[258] Die Deutung einiger Stimmen der Lehre[259], dass der **Erstattungsanspruch des § 9 Abs 1 Satz 2 EKEG *„zumindest in seinem Kern"* ein Sonderfall des § 83 Abs 1 GmbHG sei**, wird daher vom OGH geteilt.[260]

Daraus folgt aber nicht, dass das Vorliegen der Voraussetzungen einer verbotenen Einlagenrückgewähr für die Berechtigung des Erstattungsanspruchs gemäß § 9 Abs 1 Satz 2 EKEG erforderlich wäre.[261] In der Literatur wird in diesem Zusammenhang darauf hingewiesen, dass auch in der prototypischen Konstellation des Schwesternkredits nicht notwendigerweise eine verbotene Einlagenrückgewähr zugunsten des gemeinsamen Gesellschafters vorliegen müsse. So sei etwa der Fall denkbar, dass ein Schwesternkredit auch unabhängig von der Konzernverbundenheit aus geschäftspolitischen Erwägungen gegeben worden wäre, wenn die Kreditnehmerin Hauptzulieferer oder -abnehmer der Kreditgeberin ist (**betriebliche Rechtfertigung**, siehe auch 13.).[262] Die Beurteilung, ob eine darauf gerichtete Weisung der übergeordneten Konzerngesellschaft bei der gebotenen wirtschaftlichen Betrachtungsweise[263] bereits dazu führt, dass eine Leistung an die Obergesellschaft vorliegt,[264] ist für die Berechtigung des Erstattungsanspruchs des § 9 Abs 1 Satz 2 EKEG allerdings nicht entscheidend.[265]

256 6 Ob 154/19v ErwGr 8.2.
257 6 Ob 154/19v ErwGr 8.3 mit Verweis auf vgl *Schmidsberger* in *Dellinger/Keppert*, Eigenkapitalersatzrecht (2004) 135 ff.
258 6 Ob 154/19v ErwGr 8.3 mit Verweis auf vgl *Schmidsberger* in *Dellinger/Keppert*, Eigenkapitalersatzrecht (2004) 135 ff.
259 *Torggler* in *Straube*, WK GmbHG (Vorauflage Stand 1.8.2009) § 115 Rz 24.
260 6 Ob 154/19v ErwGr 8.3 mit Verweis auf *Torggler* in *Straube*, WK GmbHG (Vorauflage Stand 1.8.2009) § 115 Rz 24.
261 6 Ob 154/19v ErwGr 8.4.
262 *C. Fischer*, Konzernfinanzierung 106 (Fn 404), 111 (421).
263 RS0105532 (T11).
264 Vgl *Artmann* in FS Roth 30; vgl zur Fragestellung *Karollus*, Einlagenrückgewähr und verdeckte Gewinnausschüttung im Gesellschaftsrecht, in *Leitner*, Handbuch verdeckte Gewinnausschüttung (2014) 32.
265 6 Ob 154/19v ErwGr 8.4.

Auszugehen ist zunächst davon, dass der Erstattungsanspruch des § 9 Abs 1 Satz 2 EKEG einen von Satz 1 dieser Bestimmung verschiedenen Zweck erfüllt. Satz 1 dient dem Schutz der Gläubiger der kreditnehmenden Gesellschaft durch Erweiterung des Kreises der erfassten Gesellschafter.[266] Der in Satz 2 *leg cit* angeordnete Erstattungsanspruch kommt hingegen der kreditgebenden Gesellschaft bzw deren Gläubigern zugute.[267]

Bei einer **Downstream-Kreditvergabe**, bei der die Kreditgeberin bereits erfasste Gesellschafterin der Kreditnehmerin ist, trägt die kreditgebende Gesellschaft selbst „**Finanzierungsverantwortung**" für die Kreditnehmerin; eine Sanierung der Kreditnehmerin kommt typischerweise (auch) ihr zugute.[268] In diesem Zusammenhang kann auch nicht ohne Weiteres stets davon ausgegangen werden, dass die Kreditvergabe als Nachteil für die Kreditgeberin zu werten ist: Die eine (in der Folge kreditgebende) Gesellschaft ist nämlich qualifiziert an der in der Krise befindlichen anderen (in der Folge kreditnehmenden) Gesellschaft beteiligt, was jedenfalls die wirtschaftliche Entscheidung erforderlich macht, ob und gegebenenfalls mit welcher Art der Finanzierung eine Sanierung der in der Krise befindlichen Gesellschaft versucht werden soll.[269]

Unverändert gegenüber der Konstellation des Schwesternkredits bleibt allerdings der Befund, dass auch in Fällen der Downstream-Kreditvergabe die Weisung des Gesellschafters dokumentiert, dass dieser ein Interesse an der Kreditvergabe an die in der Krise befindliche Konzerngesellschaft hat und auch gewillt ist, die Kreditvergabe entgegen den Interessen der Kreditgeberin durchzusetzen.[270]

18. Vom Verbot erfasste Personen, Haftungsadressaten

18.1. Notwendige Streitgenossenschaft, einheitliche Streitpartei

Im Rechtsstreit um die Feststellung der Nichtigkeit eines Vertrags bilden sämtliche Vertragsparteien eine notwendige Streitgenossenschaft.[271] Eine einheitliche Streitpartei (siehe auch 26.) ist immer dann anzunehmen, wenn sich die Wirkungen des zu fällenden Urteils auf sämtliche Streitgenossen erstrecken,[272] was nach dem materiellen bürgerlichen Recht zu beurteilen ist (siehe auch 26.).[273] Das Vor-

266 6 Ob 154/19v ErwGr 9.1.
267 6 Ob 154/19v ErwGr 9.1.
268 6 Ob 154/19v ErwGr 10.1.
269 6 Ob 154/19v ErwGr 10.1.
270 6 Ob 154/19v ErwGr 10.2.
271 6 Ob 225/19k ErwGr 2.3; RS0083003; 6 Ob 167/17b.
272 RS0035479 (T9).
273 RS0035479 (T11, T18).

liegen einer notwendigen Streitgenossenschaft führt zur Klageabweisung, wenn wegen der Nichterfassung aller Teilhaber die Gefahr unlösbarer Verwicklungen durch verschiedene Entscheidungen entsteht.[274] Daher muss eine Klage, in der die Nichtigkeit eines Vertrags geltend gemacht wird, gegen sämtliche Vertragsparteien erhoben werden.

18.2. Keine subjektiven Tatbestandsmerkmale

Der Tatbestand der verbotenen Einlagenrückgewähr enthält keine subjektiven Tatbestandsmerkmale.[275] Entscheidend ist, dass ein objektives Missverhältnis zwischen der vom Gesellschafter erbrachten Leistung und der bezogenen Gegenleistung vorliegt.[276]

18.3. Empfangender Gesellschafter, guter Glaube, Anfechtung

Nach § 83 Abs 1 GmbHG begründet eine nach § 82 GmbHG unzulässige Leistung an den Gesellschafter einen Rückersatzanspruch der Gesellschaft.[277] War Empfänger der Leistung ein Gesellschafter, **so spielt der gute Glaube nur eine Rolle, soweit es sich um den Bezug von Gewinnanteilen handelt.**[278] Liegen die Voraussetzungen eines gutgläubigen Dividendenbezugs vor, besteht auch keine Rückzahlungspflicht der Gesellschafter, sodass sich die Frage nach einer Heilung gar nicht stellt.[279] Der OGH wendet eine **enge Auslegung** des in § 83 Abs 1 Satz 1 GmbHG normierten Entfalls der Rückzahlungspflicht der Gesellschafter bei gutgläubigem Bezug von Gewinnanteilen an.[280] Demnach gelten Gewinnanteile nur dann als gutgläubig erworben, wenn sie aufgrund eines regulären Gewinnverwendungsbeschlusses in Form einer Dividende empfangen worden sind.[281] Relevant ist das Vorliegen eines guten Glaubens im Zeitpunkt der Zahlungsannahme.[282]

ME könnten gutgläubig bezogene, aber tatsächlich nicht bestehende Gewinnansprüche nach den Bestimmungen der §§ 27 ff IO, insb gem § 30 Abs 1 Z 1 IO (Inkongruenz) und gem § 29 IO (Unentgeltlichkeit), anfechtbar sein. In einer

274 RS0035479.

275 OLG Innsbruck 27.4.2023, 3 R 26/23g ErwGr I.A.4; RS0105532 (T14).

276 6 Ob 72/16f; 6 Ob 171/15p ErwGr 5.4.

277 6 Ob 26/21y Rz 65.

278 § 83 Abs 1 Satz 2 GmbHG; vgl 6 Ob 114/17h; RS0105532 (T20).

279 *Alexander Schopper*, Heilung von Verstößen gegen das Verbot der Einlagenrückgewähr, ecolex 2019, 736.

280 6 Ob 72/16f ErwGr 2.2 mwN.

281 6 Ob 72/16f ErwGr 2.3 mit Verweis auf *Reich-Rohrwig*, Kapitalerhaltung 172; *Bauer/Zehetner* in Wiener Kommentar GmbHG § 83 Rz 39; *Koppensteiner/Rüffler*, GmbH-Gesetz[3] § 83 Rz 10; siehe auch GesRZ 2016, 343 *(Ettmayer/Arnold).*

282 *Alexander Schopper*, Heilung von Verstößen gegen das Verbot der Einlagenrückgewähr, ecolex 2019, 736; *Bauer/Zehetner* in *Straube/Ratka/Rauter*, WK GmbHG § 83 Rz 40 (Stand 1.12.2017, rdb.at).

Entscheidung zur Auszahlung von Scheingewinnen im Rahmen eines Schneeballsystems führte der BGH[283] (im Widerspruch zur Judikatur des OGH[284]) aus, dass *„einseitigen Vorstellungen des Leistungsempfängers über eine Entgeltlichkeit der Leistung selbst dann keine Bedeutung zukommt, wenn der Irrtum durch den Schuldner hervorgerufen worden ist"*.

Wie *Trenker*[285] mE treffend ausführt, sollten subjektive Erwägungen seitens des Leistungsempfängers, der überhaupt keine Gegenleistung erbracht hat, nur insofern eine berechtigte Rolle bei der Unentgeltlichkeitsanfechtung spielen, als der Empfänger möglicherweise darauf vertraut, dass er die Zuwendung behalten darf und entsprechend disponiert, weil § 39 Abs 3 IO jenes Vertrauen ohnehin schützt, indem der gutgläubige Empfänger einer unentgeltlichen Leistung nur soweit rückerstattungspflichtig ist, als er zur Zeit der Anfechtung noch bereichert ist. Das ist mE bereits angesichts des den Anfechtungsbestimmungen der IO innewohnenden Normzwecks des Gläubigerschutzes richtig.[286] Schließlich ist nicht einzusehen, weswegen ein Gesellschafter, der tatsächlich keinen Gewinnanspruch hat und – warum auch immer – nur glaubt, einen zu haben, bessergestellt sein sollte als die (anderen) Gläubiger der Gesellschaft. In einem Fall, in dem sich der klagende Masseverwalter „nur" auf die §§ 28 und 29 KO (nunmehr IO) stützte, lehnte der OGH es ab, insbesondere die Unentgeltlichkeitsanfechtung ohne subjektives Tatbestandselement anzuwenden, weil die dort Beklagten *„jedoch fahrlässig nicht erkannt [hatten], dass ihnen unentgeltliche Scheingewinne ausgezahlt wurden"*, und judizierte, dass die Unentgeltlichkeitsanfechtung voraussetze, dass dem Anfechtungsgegner die Unentgeltlichkeit erkennbar war.[287] **ME kann das nicht richtig sein und ist hier dem BGH[288] und *Trenker*[289] zu folgen**. Schließlich geht es nur darum, dass ein Gesellschafter – zulasten der übrigen tatsächlich berechtigten Gläubiger – etwas erhält, ohne überhaupt dazu berechtigt zu sein.

Bedauerlicherweise war in jenem Fall vor dem OGH[290] keine Inkongruenzanfechtung gem § 30 Abs 1 Z 1 IO geltend gemacht worden. Schließlich ist, soweit ersichtlich, unstrittig, dass die **Inkongruenzanfechtung gem § 30 Abs 1 Z 1 IO keine subjektiven Tatbestandsmerkmale** voraussetzt. Daher sind iSd § 83 Abs 1 Satz 1 GmbHG gutgläubig als Gewinn bezogene, tatsächlich aber verbotene Ein-

283 196 BGH IX ZR 195/07.

284 Vgl 3 Ob 239/09g ErwGr 4.

285 *Trenker*, Insolvenzanfechtung – Gesellschafter als Anfechtungsgegner, in *Artmann/Rüffler/Torggler* (Hrsg), Gesellschafterpflichten in der Krise (2015) 142 f mwN.

286 Vgl *Rüffler/Aburumieh/Lind* in *Jaufer/Nunner-Krautgasser/Schummer*, Kapitalaufbringung und Kapitalerhaltung 71 (94) mwN; *Krist*, Existenzvernichtungshaftung 27 f, 39 ff; *Thomale*, JBl 2021, 14 (26 f); *Foglar-Deinhardstein* in *Foglar-Deinhardstein/Aburumieh/Hoffenscher-Summer* (Hrsg), GmbHG² (2024) zu § 82 GmbHG Rz 7.

287 3 Ob 239/09g ErwGr II.

288 196 BGH IX ZR 195/07.

289 *Trenker*, Insolvenzanfechtung – Gesellschafter als Anfechtungsgegner, in *Artmann/Rüffler/Torggler* (Hrsg), Gesellschafterpflichten in der Krise (2015) 142 f mwN.

290 3 Ob 239/09g ErwGr II.

lagenrückgewähr darstellende Leistungen an Gesellschafter, ungeachtet der obigen Rechtsprechung des OGH zur Unentgeltlichkeitsanfechtung des § 29 IO, mE gem § 30 Abs 1 Z 1 IO als inkongruente Leistungen *(„die er nicht oder nicht in der Art oder nicht in der Zeit zu beanspruchen hatte“)* innerhalb des ersten Jahres vor Insolvenzeröffnung ohne subjektive Tatbestandselemente anfechtbar.

Dafür spricht mE auch der **Vorrang des Anfechtungsrechts nach der IO vor dem Verbot der Einlagenrückgewähr**. Schließlich judizierte der OGH[291], dass sich die Gesellschaft gegenüber der Anfechtung der Einlagenleistung des Gesellschafters einer Kapitalgesellschaft durch den Masseverwalter im Insolvenzverfahren des Gesellschafters nicht auf die Kapitalerhaltungsregeln, insbesondere das Verbot der Einlagenrückgewähr, berufen kann.

18.4. Gesellschaftern nahestehende Dritte (Angehörige, Konzern), unechte Dritte

„Unechte Dritte“ sind Gesellschaftern nahestehende Personen, die in Hinblick auf das Verbot der Einlagenrückgewähr Gesellschaftern gleichgehalten sind und unabhängig von Kollusion und „sich aufdrängen Müssen des Verdachts“[292] solidarisch mit dem Gesellschafter **direkt für den Rückzahlungsanspruch haften.**[293] Solche unechten Dritten sind mE jedenfalls **Familien- und Konzernmitglieder** iSd § 32 IO.

Normadressaten des in § 82 GmbHG enthaltenen Verbots der Einlagenrückgewähr sind zwar grundsätzlich die Gesellschaft und die Gesellschafter. Der OGH judiziert aber in konsequenter Anwendung der wirtschaftlichen Betrachtungsweise (siehe oben 9.) ständig, dass Zuwendungen auf Veranlassung eines Gesellschafters an ihm nahestehende Dritte wirtschaftlich gesehen dem Gesellschafter selbst zugutekommen bzw dem Gesellschafter zuzurechnen sind.[294] Dies ist insbesondere dann der Fall, wenn die Leistung an den Dritten zugleich eine Leistung an den Gesellschafter darstellt[295] oder der Dritte eine Stellung einnimmt, die jener eines Gesellschafters gleichkommt,[296] oder wenn die Leistung an den Dritten vom wirtschaftlichen Ergebnis her gesehen dem Gesellschafter zugutekommt,[297] wie

291 3 Ob 51/10m; ÖBA 2011, 407 *(Karollus)*; dazu auch *Trenker*, NZ 2012, 359; *Rebernig/Schmidsberger*, ZIK 2010, 162; *Kalss/Eckert* in *Konecny*, Insolvenz-Forum 2007, 75 ff.

292 RS0105536 (T12).

293 Vgl 6 Ob 195/18x ErwGr 2.4 mit Verweis auf *H. Foglar-Deinhardstein* in *Foglar-Deinhardstein/Aburumieh/Hoffenscher-Summer*, GmbHG (2018) § 82 Rz 74 f mit umfassender Darstellung der Judikatur und Literatur.

294 Siehe 6 Ob 232/16k; *Artmann* in *Jabornegg/Strasser*, AktG[5] § 52 Rz 31 ff.

295 Siehe zB *Auer* in *Gruber/Harrer*, GmbHG § 82 Rz 11; *Koppensteiner/Rüffler*, GmbHG[3] § 82 Rz 18; *Artmann* in *Jabornegg/Strasser*, AktG[5] § 52 Rz 31 ff; *Saurer* in *Doralt/Nowotny/Kalss*, AktG[2] § 52 Rz 42 ff; OGH 15.12.2014, 6 Ob 14/14y.

296 *Artmann* in *Jabornegg/Strasser*, AktG[5] § 52 Rz 31 ff; OGH 15.12.2014, 6 Ob 14/14y.

297 6 Ob 89/21p ErwGr 4.1; 6 Ob 71/21s ErwGr 4.1; 6 Ob 14/14y ErwGr 1.4; RS0105518 (T16).

etwa auf Veranlassung eines Gesellschafters vorgenommene Zuwendungen der Gesellschaft an einen dem Gesellschafter nahestehenden Dritten,[298] wie zB nahe Angehörige.[299] **Bei Leistungen an nahe Angehörige wird nicht geprüft, inwieweit dadurch dem Gesellschafter tatsächlich selbst ein echter Vorteil erwächst.**[300] Das Argument, im Rahmen eines **Familienbetriebs** sei die Sonderbegünstigung von Angehörigen üblich und daher von vornherein nicht der Anwendung der Kapitalerhaltungsvorschriften zu unterstellen, ist verfehlt.[301]

Der OGH unterwirft daher insbesondere auch **Schwestergesellschaften**, zB ebenso im Fall von Vermögenseinbringung (**Sidestream-Merger**, vgl § 224 AktG),[302] und **Treugeber** des Gesellschafters[303] wie auch **mittelbare Gesellschafter**[304] dem Verbot der Einlagenrückgewähr.

Der OGH bejahte zB auch einen Rückgewähranspruch nach § 83 Abs 1 GmbHG gegen einen begünstigten mittelbaren Gesellschafter und **wirtschaftlichen Alleineigentümer** einer Gesellschaft, dem deren Zahlung an eine Bank wirtschaftlich zugutekam, weil er dadurch von seiner sonst schlagend werdenden Bürgenhaftung befreit wurde.[305]

18.5. Ehemalige und zukünftige Gesellschafter

Sofern die Zuwendung infolge der Gesellschafterstellung gewährt wurde, sind auch ehemalige Gesellschafter Adressaten des Verbots der Einlagenrückgewähr und Schuldner des Rückerstattungsanspruchs.[306] Dies gilt auch bei Zuwendungen an Gesellschaftern nahestehende Dritte (wirtschaftliche Betrachtungsweise, siehe auch 9. und 18.4.).[307]

Die Erstattungsverpflichtung ehemaliger Gesellschafter geht nicht auf den Anteilserwerber über.[308] **Hier drohen Beratungsfehler bei Share Deals**, zB wenn die Berater des Verkäufers eine Kaufpreisgestaltung zulassen, bei welcher eine **Einlagenrückgewähr den Kaufpreis reduziert** (siehe auch 23.14.). In solchen Fällen bleibt der verkaufende Gesellschafter in der Haftung. Der Verkäufer ist in solchen Fällen

---

298 6 Ob 195/18x ErwGr 2.2; RS0105518 (T1).

299 6 Ob 195/18x ErwGr 2.2 mit Verweis auf *Bauer/Zehetner* in *Straube/Ratka*, WK zum GmbHG (2017) § 82 Rz 82.

300 6 Ob 98/24s.

301 8 ObA 53/18d ErwGr 7.

302 RS0112747.

303 1 Ob 719/78.

304 6 Ob 21/20m.

305 6 Ob 21/20m ErwGr 5; vgl 6 Ob 89/21p ErwGr 4.3.

306 6 Ob 132/10w = GesRZ 2011, 47 *(Rüffler)* = EvBl 2011/22 *(Feuchtmüller)* = immolex 2011/47 *(Cerha)*; 6 Ob 195/18x ErwGr 2.1; RS0105536 (T8); RS0105532 (T7); RS0105536 (T16); 6 Ob 199/17h.

307 *Koppensteiner/Rüffler*, GmbHG[3] § 82 Rz 18; *Auer* in *Gruber/Harrer*, GmbHG § 82 Rz 11.

308 *Bauer/Zehetner* in *Straube/Ratka/Rauter*, WK GmbHG § 83 Rz 17; *Koppensteiner* in *Koppensteiner/Rüffler*, GmbH-Gesetz[3] § 83 Rz 6 je mwN; vgl 6 Ob 132/10w.

gut beraten, auf Vollzahlung des Kaufpreises zu bestehen und mit dem Kaufpreis den Rückersatzanspruch aus der verbotenen Einlagenrückgewähr zu bedienen. Aus der Sicht des Käufers wird hier zwar „Geld im Kreis geschickt“, der Verkäufer vermeidet hier aber ein dreißig Jahre andauerndes 100%iges Haftungsrisiko. Das Verbot, eigene Geschäftsanteile zu erwerben, oder sonst (Alt-)Gesellschafter aus Gesellschaftsmitteln abzufinden, kann nicht dadurch umgangen werden, dass ein zukünftiger Gesellschafter dazwischengeschaltet wird, dem die Gesellschaft die notwendigen Mittel unter Verstoß gegen § 82 GmbHG zur Verfügung stellt.[309]

Es spielt auch keine Rolle, dass zB zwischen der Beendigung der Gesellschafterstellung und der gegen das Verbot der Einlagenrückgewähr verstoßenden Vereinbarung mehrere (zB: dreizehn) Jahre vergangen waren.[310]

18.6. „Durchreichen“: Haftung unmittelbarer und mittelbarer Gesellschafter

Der OGH beantwortete kürzlich mE zutreffend die in der Lehre umstrittene[311] und zT – mE verfehlt – verneinte Frage, ob auch eine unmittelbare Gesellschafterin für eine Leistung an die mittelbare Gesellschafterin, welche durch die unmittelbare Gesellschafterin nur „durchgereicht“ wurde, haftet.[312] Anlass war ein Fall, in dem der unmittelbare Gesellschafter alleiniger Anteilseigner der zwischengeschalteten Gesellschaft und überdies auch deren Geschäftsführer war.[313] Die Leistung an den

309 RS0105540 T11; 6 Ob 14/14y ErwGr 2.5 mit Verweis auf 6 Ob 29/11z = GesRZ 2012, 122 (*U. Torggler*) sowie auch *Karollus* in *Leitner*, Handbuch verdeckte Gewinnausschüttung 31 mwN.

310 6 Ob 195/18x 2.1 mit Verweis auf *Karollus*, „Durchgriff“ durch Privatstiftungen im Zusammenhang mit der Einlagenrückgewähr, ZFS 2015, 145 (151).

311 Differenziert: *Artmann* in *Artmann/Karollus*, AktG[6] § 56 Rz 10; ablehnend *Haberer* in *Haberer/Krejci*, Konzernrecht, Kapitalaufbringung und Kapitalerhaltung im Konzern Rz 11.148 (Stand 1.7.2016, rdb.at); ebenso ablehnend, wenn auch differenzierter *Bauer/Zehetner* in *Straube/Ratka/Rauter*, WK GmbHG § 82 Rz 85 (Stand 1.12.2017, rdb.at); deutlich ablehnend *(„geradezu abwegig“, „höchst bedenklich“, „wenn die Zwischengesellschaft für die Sünden ihrer Gesellschafter büßen müsste“) Karollus*, Einlagenrückgewähr und verdeckte Gewinnausschüttung im Gesellschaftsrecht, in *Leitner*, Handbuch Verdeckte Gewinnausschüttung[3] (2021) 41 ff (50); differenzierend bejahend *Eckert/U. Schmidt*, Haftungsfragen im Konzern, in *Haberer/Krejci*, Konzernrecht Rz 13.40 (Stand 1.7.2016, rdb.at); tendenziell für eine Solidarhaftung GmbHG[2] § 82 Rz 20 f, 10 f, 26; bejahend *Reich-Rohrwig*, Grundsatzfragen der Kapitalerhaltung bei der AG, GmbH und GmbH & Co KG (2004) 166); *Köppl* in *U. Torggler*, GmbHG § 82 Rz 10, 13 (Stand: 1.8.2014, rdb.at); *Köppl* in *Eckert/Schopper*, Innsbrucker Schriften zum Unternehmensrecht, Band 5 (2014), Das Verbot der Einlagenrückgewähr unter besonderer Berücksichtigung Dritter 142 (147 f)); *Schmidsberger*, Eigenkapitalersatz versus Einlagenrückgewähr, GesRZ 1997, 14 (18), der bei enger wirtschaftlicher Verbindung von einer wirtschaftlichen Einheit von Gesellschafter und Empfänger ausgeht; *Foglar-Deinhardstein* in *Foglar-Deinhardstein/Aburumieh/Hoffenscher-Summer*, GmbHG[2] (2024) 82 Rz 75; *Foglar-Deinhardstein*, Verdeckte Gewinnausschüttung (2019) XI. Rückersatzanspruch der Kapitalgesellschaft Rz 1/207; *Saurer* in *Doralt/Nowotny/Kalss*, AktG[3] § 56 Rz 15, 18 (Stand 1.6.2021, rdb.at), jedenfalls bei Treuhänder und Treugeber, auch wenn die Leistung direkt an den Hintermann erfolgte; *Rüffler* in *Kalss/Rüffler*, Eigenkapitalersatz (2004), Konzernfinanzierung im Lichte des EKEG 111 (129 iVm 132 f); *Rüffler/Koppensteiner* in *Koppensteiner/Rüffler*, GmbH-Gesetz[3] (2007) § 83 Rz 7; vgl auch *Bayer* in MünchKomm AktG[6] (2024) § 62 Rn 18 ff.

312 6 Ob 98/24s mwN.

313 6 Ob 98/24s.

mittelbaren Gesellschafter erfolgte *causa societatis* seiner Beteiligung an der unmittelbaren Gesellschafterin (worin wohl auch der Grund für seine Bestellung als Geschäftsführer beider Gesellschaften lag).[314] Somit lag auch in dieser Konstellation die für verbotene Einlagenrückgewähr typische Zuwendung, die ohne Beteiligungsverhältnis nicht stattgefunden hätte, vor.[315] In der Zuwendung an den mittelbaren Gesellschafter liegt nur deshalb eine verbotene Einlagenrückgewähr, weil sie der Leistung an einen unmittelbaren Gesellschafter gleichgehalten wird, und nur deshalb hat die geschädigte Tochtergesellschaft überhaupt einen Rückersatzanspruch nach § 83 GmbHG, sodass die „zwischengeschaltete" direkte Gesellschafterin auch für Letzteres nicht „auszublenden" ist.[316] Es erlangte zwar scheinbar nur ihr unmittelbarer Gesellschafter einen Vorteil, jedoch liegt zum einen bei der vorliegenden Konstellation der **Gedanke einer wirtschaftlichen Einheit** nahe.[317] Zum anderen wird auch bei Leistungen an sonstige nahe Angehörige nicht geprüft, inwieweit dadurch dem Gesellschafter tatsächlich selbst ein echter Vorteil erwächst.[318]

Eine unentgeltliche Zuwendung einer Tochtergesellschaft an die Großmuttergesellschaft kann als von der Muttergesellschaft vermittelte Leistung aufgefasst und dahin „zerlegt" werden, dass darin eine über die Muttergesellschaft vermittelte und ihr daher als zu ihren Gunsten zu wertende Leistung liegt, mit der *uno actu* (auch) eine unentgeltliche Zuwendung der unmittelbaren Muttergesellschaft an die Großmuttergesellschaft vorgenommen wird.[319]

Der OGH begründete die **Solidarhaftung von mittelbaren und unmittelbaren Gesellschaftern für die „durchgereichte" verbotene Einlagenrückgewähr** auch mit dem **nicht zu teilenden Haftungsfonds**.[320] Nach dem Grundprinzip der §§ 82 f GmbHG soll sich die Gesellschaft wegen einer verbotenen Einlagenrückgewähr an ihre Gesellschafter (und mit ihrem Anspruch auf Rückersatz an das nach **§ 92c JN zuständige Gericht am Sitz der Gesellschaft**) wenden können.[321] Der OGH bezeichnet es mE zu Recht als nicht einleuchtend, warum sich die geschädigte Gesellschaft auf die Großmuttergesellschaft als alleinigen Haftungsfonds verweisen lassen müsste, zumal mit dem Durchgriff auf die Großmuttergesellschaft dem Kapitalerhaltungsgebot auf Ebene der leistenden Gesellschaft nur bei tatsächlicher Erfüllung des Anspruchs Genüge getan ist.[322] Wäre diese

314 6 Ob 98/24s.
315 6 Ob 98/24s.
316 6 Ob 98/24s.
317 6 Ob 98/24s.
318 6 Ob 98/24s.
319 6 Ob 98/24s Rz 47.
320 6 Ob 98/24s.
321 Vgl zu Abgrenzungsschwierigkeiten, wollte man einem bloß mittelbar an der „Handelsgesellschaft" Beteiligten die Eigenschaft als „Mitglied" (wenn auch unter dem Blickwinkel der Beurteilung der Zuständigkeit) zuerkennen, 17 Ob 21/23x.
322 6 Ob 98/24s.

nicht liquid oder auch nur für eine Exekution nicht greifbar, ginge dies zulasten der geschädigten Gesellschaft.[323] Würde man die Solidarhaftung nicht bejahen, wären damit mE dem Missbrauch Türen und Tore geöffnet. Schließlich müsste man die verbotene Einlagenrückgewähr nur bis in rechtlich *de facto* unerreichbare juristische Personen (Offshore-Gesellschaften oÄ) weiterleiten und könnte so die Durchsetzung des Rückleistungsanspruchs vereiteln.

18.7. Beherrschung via Privatstiftung

Auch das **Zwischenschalten von Privatstiftungen** schützt nicht vor dem Rückleistungsanspruch aus verbotener Einlagenrückgewähr. Dass der Empfängerin verbotener Einlagenrückgewähr **(streng formal gesehen) als Begünstigter kein „Einflussrecht" auf die Privatstiftung** zukommt, ändert laut OGH mE zutreffenderweise nichts daran, dass auch solche Personen faktisch großen Einfluss auf die Privatstiftung haben und eine Vielzahl von Entscheidungen selbst treffen können.[324] Dabei betont der OGH, dass es nicht ausschließlich um die Frage geht, ob die Empfängerin verbotener Einlagenrückgewähr (isoliert betrachtet) als Begünstigte der Privatstiftung eine gesellschafterähnliche Stellung hatte, sondern ob bei Abschluss der Vereinbarung noch ein **Zusammenhang mit ihrer früheren Gesellschafterstellung** bestand, was der OGH in Hinblick auf die tatsächlichen Gestaltungsmöglichkeiten der Empfängerin verbotener Einlagenrückgewähr in der Stiftung, ihrer Rechtsnachfolgerin als Mitgesellschafterin der Klägerin, bejahte.[325] Zudem war in jenem Fall – wiederum in **wirtschaftlicher Betrachtungsweise** – zu berücksichtigen, dass die erstbeklagte Empfängerin verbotener Einlagenrückgewähr außerdem **Mitglied des Aufsichtsrats** der klagenden entreicherten Gesellschaft und der zweitbeklagte Geschäftsführer der Klägerin war, sodass auch Letzterer (als **Ehemann** der Erstbeklagten) als „unechter Dritter" einem Gesellschafter der Klägerin gleichzuhalten war.[326]

In jenem Fall[327] kam außerdem hinzu, dass die Erstbeklagte (Mitstifterin der Privatstiftung) zum maßgeblichen Zeitpunkt des Abschlusses der Vereinbarung über ein verbotswidriges Wohnungsgebrauchsrecht a) **Begünstigte der Stiftung** war, deren Stiftungszweck auf *„Unterstützung der jeweiligen Begünstigten, insbesondere durch Gewährung von Geldleistungen"* lautete und die wiederum 51 % der Gesellschaftsanteile der Klägerin hielt, und b) **faktisch großen Einfluss auf die Stiftung hatte** und alle bzw eine Vielzahl von Entscheidungen selbst traf und c) **Mitglied des Stif-**

323 6 Ob 98/24s.
324 6 Ob 195/18x ErwGr 2.3 mit Verweis auf *Karollus*, ZFS 2015, 145 (151).
325 6 Ob 195/18x ErwGr 2.3 mit Verweis auf *Karollus*, ZFS 2015, 145 (151).
326 6 Ob 195/18x ErwGr 2.4 mit Verweisen auf *H. Foglar-Deinhardstein* in *Foglar-Deinhardstein/Aburumieh/Hoffenscher-Summer*, GmbHG (2018) § 82 Rz 74 f.
327 6 Ob 195/18x 1.1 mit Verweis auf *Karollus*, „Durchgriff" durch Privatstiftungen im Zusammenhang mit der Einlagenrückgewähr, ZFS 2015, 145 (151).

tungsbeirats und d) **zur Bestellung des Stiftungsvorstands berechtigt** war. Da somit die **Stiftung von der Erstbeklagten (tatsächlich) beherrscht** wurde,[328] haben bereits die Vorinstanzen zutreffend die Erstbeklagte als von § 82 GmbHG erfasste Gesellschafterin angesehen.[329]

18.8. Geschäftsführerhaftung

18.8.1. Allgemein

Geschäftsführer der leistenden (entreicherten) Gesellschaft haften gem § 25 Abs 3 Z 1 GmbHG *ex lege* unbeschränkt mit ihrem Privatvermögen, *„wenn gegen die Vorschriften dieses Gesetzes oder des Gesellschaftsvertrages Gesellschaftsvermögen verteilt wird, namentlich Stammeinlagen oder Nachschüsse an Gesellschafter gänzlich oder teilweise zurückgegeben werden"*, sprich für verbotene Einlagenrückgewähr. Im Gegensatz zum Erstattungsanspruch gegen empfangende Gesellschafter gem § 83 Abs 1 GmbHG **haften Geschäftsführer aus Schadenersatz und verschuldensabhängig**. Die **Beweislast** für fehlendes Verschulden trifft allerdings bei der AG gem § 84 Abs 2 AktG sowie analog bei der GmbH den Geschäftsführer.[330]

18.8.2. Haftung unbeteiligter Geschäftsführer für Untätigkeit

Auch an einer verbotenen Einlagenrückgewähr an sich nicht aktiv beteiligte Geschäftsführer können zur Haftung herangezogen werden. Der OGH spricht sich für Fälle **pflichtwidriger, schuldhafter Säumnis eines „unbefangenen" Geschäftsführers** für dessen Haftung gegenüber der Gesellschaft für eine durch den Zeitablauf verschlechterte Bonität des Schuldners und damit der Einbringlichkeit der Forderung aus.[331]

18.9. Ausfallshaftung nicht bereicherter Gesellschafter, § 83 Abs 2 GmbHG

18.9.1. Allgemeines

Eine besonders pikante Regelung über die Haftung für verbotene Einlagenrückgewähr enthält § 83 Abs 2 GmbHG: *„Ist die Erstattung weder von dem Empfänger noch von den Geschäftsführern zu erlangen, so haften, insoweit durch die Zahlung das Stammkapital vermindert ist, für den Abgang am Stammkapitale die Gesellschafter nach Verhältnis ihrer Stammeinlagen."* Soweit ersichtlich, gibt es zu dieser besonders spannenden Bestimmung nach wie vor keine Judikatur. Der An-

328 6 Ob 195/18x 2.3; vgl 6 Ob 196/14p = GesRZ 2015, 326 *(Kalss)* = ZFS 2015, 270 *(Gordon)*.
329 Vgl auch *Karollus*, ZFS 2015, 145; *Lamplmayr*, Verbotene Einlagenrückgewähr durch Vermögensauskehr an Nichtgesellschafter (2016) 177 ff.
330 RS0059608.
331 6 Ob 98/24s Rz 59 mit Verweis auf *Auer*, Glosse zu 6 Ob 170/23b GesRZ 2024, 190.

spruch besteht zwar **„nur“ *pro rata* und subsidiär hinter den tatsächlich empfangenden Gesellschaftern und den Geschäftsführern**, ist aber in gewisser Weise brutal, schließlich kann das bei Insolvenz der übrigen Gesellschafter **zur vollumfänglichen Haftung eines an der Einlagenrückgewähr überhaupt nicht beteiligten Gesellschafters** führen. Man denke nur an Kleinstgesellschafter, die zB mit prozentuell einstelligen Anteilen keinerlei Einfluss auf die Führung der Gesellschaft ausüben können und nur sehr eingeschränkte Informationsrechte (Bucheinsichtsrechte) haben. Auch sie haften nach § 83 Abs 2 GmbHG für gesetzwidriges Handeln ihrer Mitgesellschafter, wodurch sie idR **doppelt geschädigt** werden: Erstens wird die Gesellschaft entreichert, an der sie beteiligt sind. Zweitens müssen sie auch noch den Gläubigern für den dadurch entstandenen Schaden aufkommen.

Die gesetzlichen Haftungsvoraussetzungen sind überschaubar: Durch Einlagenrückgewähr muss Stammkapital gemindert worden sein, und die Gesellschaft (andere Geschäftsführer oder Liquidatoren) bzw deren Insolvenzverwalter muss nachweisen, dass der Anspruch gegen die Primärverpflichteten (Gesellschafter und Geschäftsführer) nicht in angemessener Zeit realisierbar ist.[332]

18.9.2. Ausmaß der Ausfallshaftung unbeteiligter Gesellschafter

Strittig ist, ob die Ausfallshaftung bis zur Höhe des Abgangs am Stammkapital unbeschränkt oder aber betraglich (zB mit der Gesamthöhe des Stammkapitals) begrenzt zu verstehen ist.[333] Soweit ersichtlich, gibt es hiezu noch keine einschlägige Judikatur in Österreich. Die hM und Judikatur in Deutschland beschränkt die Haftung allerdings mit dem Stammkapital (wie die gesamte Haftung aus Einlagenrückgewähr in Deutschland, siehe 6.). Teile der deutschen Lehre beschränken die Ausfallshaftung des unbeteiligten Gesellschafters sogar mit Nennbetrag der Stammeinlage des Empfängers.[334]

Der Meinungsstand in Österreich ist gespalten. Ein Teil der Lehre spricht sich für eine Begrenzung der Haftung „nach oben“ bis zur Höhe des Stammkapitals, aber eine unbegrenzte Haftung für eine Unterbilanz aus, dies insbesondere mit dem Argument, dass die deutsche Meinung ein Widerspruch zum österreichi-

332 Vgl *Koppensteiner/Rüffler*, GmbHG³ § 83 Rz 14.

333 *Foglar-Deinhardstein* in *Foglar-Deinhardstein/Aburumieh/Hoffenscher-Summer* (Hrsg), GmbHG² (2024) zu § 83 GmbHG Rz 27 mwN; gegen betragliche Begrenzung (Haftung für verbotswidrige Leistung, bis das Gesellschaftsvermögen das Stammkapital wieder deckt, dh allenfalls auch Verpflichtung zum Ausgleich eines negativen Eigenkapitals) *Bauer/Zehetner* in *Straube/Ratka/Rauter*, GmbHG § 83 Rz 61; *Auer* in *Gruber/Harrer*, GmbHG² § 83 Rz 42; *Köppl* in *Torggler*, GmbHG § 83 Rz 20; *Thomale* in *Kalss/Torggler*, Reform 9 (19, 37 FN 215); offen *Koppensteiner/Rüffler*, GmbHG³ § 83 Rz 14; für Beschränkung auf die Höhe des Stammkapitals *Haberer* in *Haberer/Krejci*, Konzernrecht, Rz 11.216; *Karollus* in *Brandl/Karollus/Kirchmayr/Leitner*, HB vGA3, 1 (68); *J. Reich-Rohrwig/Zimmermann*, ecolex 2017, 613; *(de lege ferenda) Winner* in *Kalss/Torggler*, Reform 128 (143).

334 Vgl zB *P. Westermann* in *Scholz*, GmbHG⁹ § 31 Rz 30.

schen Gesetzeswortlaut sei.[335] Ein anderer Teil der österreichischen Lehre spricht sich in diesem Kontext für eine beschränkte Haftung mit Höhe des Stammkapitals aus.[336]

ME ergibt sich bereits aus dem Gesetzeswortlaut eine Ausfallshaftung des unbeteiligten Gesellschafters *pro rata* **nur bis zur Höhe des Stammkapitals** („*insoweit durch die Zahlung* ***das Stammkapital*** *vermindert ist*") und **nicht** auch für negatives **Eigen**kapital. Zudem wäre eine beschränkte Mitgesellschafterhaftung **ohne Verursachung**, ohne **Verschulden** und **ohne Bereicherung und beim Kleingesellschafter wohl auch ohne Möglichkeit, die verbotene Einlagenrückgewähr zu verhindern,** eine in diesem Zusammenhang mE **verfassungswidrige Erfolgshaftung**. Eine solche unbeschränkte Haftung „unbeteiligter" GmbH-Gesellschafter wäre mE **sachlich nicht zu rechtfertigen**. Bereits die Haftung der Geschäftsführer einer GmbH löst erhöhten Legitimationsbedarf aus,[337] und im Vergleich zum an der verbotenen Einlagenrückgewähr unbeteiligten und dadurch geschädigten Mitgesellschafter (uU Kleingesellschafter) hat der Geschäftsführer Handlungsmöglichkeiten und Sorgfaltspflichten. Im Fall der Haftung der an verbotener Einlagenrückgewähr nicht beteiligten übrigen Gesellschafter für die gesamte dadurch verursachte Unterbilanz würde das Prinzip der beschränkten Gesellschafterhaftung bei der GmbH mE ohne Deckung im GmbHG und ohne sachliche Rechtfertigung durchbrochen.

18.10. Atypische stille Gesellschafter

Die Rechtsprechung unterwirft atypische stille Gesellschafter nur unter bestimmten Voraussetzungen dem Verbot der Einlagenrückgewähr, und zwar nur dann, wenn sie

- iSd § 10 EKEG (a) einen mindestens 25%igen Geschäftsanteil an der Gesellschaft halten sowie Mitbestimmungsrechte wie ein Kommanditist oder (b) beherrschenden Einfluss haben oder
- unabhängig von den Tatbestandselementen des § 10 EKEG eine Rückzahlungsbeschränkung vereinbart wurde.[338]

---

335 Vgl *Bauer/Zehetner* in *Straube*, WK GmbHG § 83 Rz 61; *Koppensteiner/Rüffler*, GmbHG[3] § 83 Rz 14; *Köppl* in *U. Torggler*, GmbHG § 83 Rz 20.

336 *Harrer*, GesRZ 1994, 80; *Schopper*, wbl 2004, 412; *Walch*, Die subsidiäre Anwendbarkeit des allgemeinen Zivilrechts im GmbHG (2014) 238.

337 Vgl *Canaris*, JBl 1995, 2 ff: „*Während nämlich die Einstandspflicht für ein Fehlverhalten, das dem Schädiger zumindest objektiv, idR aber sogar subjektiv zurechenbar ist, im Grunde eine rechtsethische Selbstverständlichkeit darstellt, weil ihr ein rechtliches Unwerturteil zugrunde liegt, bildet die Eingehung von erlaubten Risiken im Rechts- und Wirtschaftsleben einen normalen, ja häufig geradezu sozial erwünschten Vorgang, dessen Sanktionierung durch Schadenersatzpflichten demgemäß einen erhöhten Legitimationsbedarf auslöst.*" Vgl auch *Honsell*, GesRZ 1984, 134 ff.

338 Im Detail: 6 Ob 204/16t.

18.11. Aufsichtsräte haften

Aufsichtsratsmitglieder, die eine verbotene Einlagenrückgewähr (hier durch unbesicherte Darlehensgewährung an eine Gesellschafterin) „genehmigt“ haben, haften für den der Aktiengesellschaft daraus erwachsenen Schaden,[339] auch wenn sie nicht Gesellschafter der beteiligten Gesellschaften sind und ihnen die Leistungen nicht zugutekamen, weshalb sie selbst keine Adressaten von § 52 AktG sein können.[340]

18.12. Anwaltshaftung (und Treuhänderhaftung)

Der Rechtsanwalt hat gemäß § 9 RAO und § 1009 ABGB die Interessen seines Auftraggebers zu wahren.[341] Daraus ergibt sich für den Anwalt eine Reihe von Pflichten, wie unter anderem Warn-, Aufklärungs-, Informations- und Verhütungspflichten, die alle Ausprägung der Kardinalspflicht des Rechtsanwalts sind, nämlich der Pflicht zur Interessenwahrung und zur Rechtsbetreuung.[342] Die **Belehrungspflicht** besteht grundsätzlich auch gegenüber solchen Mandanten, die bereits von anderer berufener Seite Rechtsberatung eingeholt haben oder selbst über Rechtskenntnisse und Rechtserfahrung verfügen, wenn sich für den Rechtsanwalt die Unrichtigkeit oder Unvollständigkeit des für die professionelle Erledigung des Geschäftsfalls erforderlichen Wissensstands des Auftraggebers herausstellt.[343] Für Fehler bei der Betreuung ihrer Klienten haben Rechtsanwälte nach dem **Sorgfaltsmaßstab** des **§ 1299 ABGB** (als **Sachverständige**) einzustehen.[344]

Ein mit der **Vertragserrichtung** für eine GmbH beauftragter Rechtsanwalt muss demnach dann, wenn die Möglichkeit im Raum steht, dass die Durchführung des Vertrags gegen das Verbot der Einlagenrückgewähr verstößt, die dafür vorliegenden Verdachtsmomente prüfen. Dies folgt aus seiner Verpflichtung zur Interessenwahrung gemäß § 9 Abs 1 RAO, die es auch erfordert, die von ihm vertretene Partei vom Abschluss möglicherweise nichtiger Rechtsgeschäfte abzuhalten.[345] Die Verpflichtung des Rechtsanwalts zur Prüfung von Verdachtsmomenten und zur Verhütung der negativen Folgen von Verstößen gegen die Kapitalerhaltungsvorschriften ist **nicht auf die Vertragserrichtung und -prüfung beschränkt**, sie gilt vielmehr als Ausfluss der allgemeinen Interessenwahrungspflicht des Rechtsanwalts bei allen zwischen dem Mandanten und dem Anwalt geschlossenen Auftragsverhältnissen.[346]

339 6 Ob 58/20b.
340 RS0105536.
341 RS0038731 (T1).
342 6 Ob 26/21y ErwGr 4.1; RS0112203.
343 6 Ob 26/21y Rz 55; RS0038682 (T5, T9).
344 6 Ob 26/21y Rz 56; RS0038682 (T8).
345 6 Ob 26/21y ErwGr 4.2; 6 Ob 89/20m.
346 6 Ob 26/21y Rz 58.

Insbesondere hat eine **Anwaltsgesellschaft und Treuhänderin** ihre Mandantin (GmbH), deren Vermögensinteressen sie schützen sollte, konkret darauf hinzuweisen, dass eine allem Anschein nach gegen § 82 GmbHG verstoßende Zahlung an ihren Gesellschafter zu einem Rückersatzanspruch führen würde, dessen Einbringlichkeit höchst unsicher ist.[347] Sie muss angesichts solcher Umstände danach trachten, einen gegen die Kapitalerhaltungsvorschriften verstoßenden Abfluss liquider Mittel der Schuldnerin im Stadium ihrer eigenen drohenden Insolvenz zu verhindern. Dazu **muss** sie insbesondere die vom Geschäftsführer angegebenen Gründe für seine Auszahlungsanweisungen **hinterfragen**.[348]

Wenn zu den *prima facie* gegen Kapitalerhaltungsvorschriften verstoßenden Zahlungsaufträgen ein Interessenkonflikt (zwischen dem geschäftsführenden Alleingesellschafter und der von ihm vertretenen Gesellschaft) naheliegt, dürfen sich Anwälte und Treuhänder, auch wenn sich ein Anwalt im Regelfall auf die tatsächliche Richtigkeit der von seinem Mandanten gegebenen Informationen verlassen darf,[349] nicht mit gänzlich **unkonkreten oder unplausiblen Erklärungen** begnügen.[350] Als Erklärung reichen zB der bloße Hinweis auf stehen gelassene Geschäftsführerentgelte (Gehälter oÄ) ohne Konkretisierung oder behauptete Mietzinse nicht aus.[351] Im Fall einer Kreditgewährung an die Gesellschaft **müssen Anwälte** in Fällen, in denen bereits ein Insolvenzeröffnungsverfahren gegen die Gesellschaft anhängig war, **hinterfragen**, ob nicht bereits im Kreditgewährungszeitpunkt eine Krise iSd § 2 EKEG vorlag, sodass allfällige vom Gesellschafter gewährte Kredite eigenkapitalersetzend waren und der Rückzahlungssperre des § 14 EKEG unterlagen.[352]

Auch eine Anwaltsgesellschaft, die nicht nur Treuhänderin, sondern auch mit der Vorbereitung und Verfassung des Pfandbestellungsvertrags für eine GmbH beauftragt war, mit dem eine fremde Schuld besichert werden soll, ist wegen der im Raum stehenden Möglichkeit, die Pfandbestellung könnte gegen das Verbot der Einlagenrückgewähr verstoßen, vor allem angesichts der massiven Rechtsfolgen einer verbotenen Einlagenrückgewähr (absolute Nichtigkeit, siehe 14.1.) sehr wohl verpflichtet, diese Verdachtsmomente zu prüfen.[353] Aus der Verpflichtung des Anwalts gemäß § 9 Abs 1 RAO, die übernommenen Vertretungen dem Gesetz gemäß zu führen und die Rechte seiner Partei gegen jedermann mit Eifer, Treue und Gewissenhaftigkeit zu vertreten, folgt auch die **Pflicht, dafür vorzusorgen, die von ihm vertretene Partei vor dem Abschluss möglicherweise nichtiger Rechtsgeschäfte abzuhalten**.[354]

---

347 Vgl 6 Ob 26/21y Rz 66.
348 Vgl 6 Ob 26/21y Rz 66.
349 Vgl RS0038682 (T13).
350 Vgl 6 Ob 26/21y Rz 67 mit Hinweis auf RS0105536 (T5) zu den Erkundigungspflichten einer Bank.
351 Vgl 6 Ob 26/21y Rz 69.
352 Vgl 6 Ob 26/21y Rz 69.
353 6 Ob 89/20m.
354 6 Ob 89/20m.

Der OGH[355] judiziert zur Anwaltshaftung schon seit Langem eine strenge Linie und judizierte wie folgt bereits 2015, dass ein sorgfältiger Rechtsberater[356] das Verbot der Einlagenrückgewähr *„erst recht“* seit der Entscheidung 2 Ob 225/07p iZm einer Kommanditgesellschaft, Einbringungs- und Sacheinlageverträgen und Realteilungen zu beachten hat: Die Entscheidung 2 Ob 225/07p vom 29.5.2008 wurde am 28.6.2008 und somit mehrere Wochen vor Abschluss des entscheidungsgegenständlichen Einbringungs- und Sacheinlagevertrags im RIS-Justiz im Volltext veröffentlicht (Textnummer E87691). Bereits zuvor hatten *Karollus*[357], *Reich-Rohrwig*[358] und *Jabornegg*[359] die Anwendbarkeit der Kapitalerhaltungsvorschriften auf die Kommanditgesellschaft bejaht. Auch der OGH hatte sich bereits in der Entscheidung 8 Ob 2124/96b mit dieser Frage auseinandergesetzt, worauf etwa *Szep*[360] ausführlich hingewiesen hatte. *Hügel*[361] berichtete deshalb im Jahr 2011, er habe bereits im Jahr 2004 angesichts der Arbeiten von *Karollus* und *Reich-Rohrwig* Mandanten aufgeklärt, dass Realteilungen (das von *Hügel* gebrachte Beispiel weist hinsichtlich der hier zu beurteilenden Fragen keinen wesentlichen Unterschied zu Einbringungen auf) eine verbotene Einlagenrückgewähr darstellen und bei Anwendung des Kapitalerhaltungsgebots nichtig sein könnten; aufgrund der Breitenwirkung der Entscheidung 2 Ob 225/07p, über die auch in der Tagespresse berichtet worden sei, sei die Fortsetzung der formlosen Realteilungspraxis unter strafrechtlichem Untreueverdacht gestanden, weil die Annahme wissentlichen Missbrauchs der Vertretungsmacht zum Nachteil der KG vergleichsweise nahegelegen sei. Daraus habe sich nach der Judikatur des OGH[362] bereits damals jedenfalls schließen lassen, dass der kautelarjuristischen Praxis das Problem der Anwendbarkeit der Kapitalerhaltungsvorschriften auf die Kapitalgesellschaft & Co KG – angesichts der Entscheidung 8 Ob 2124/96b und der Arbeiten von *Karollus*, *Reich-Rohrwig*, *Jabornegg* und *Szep* zu Recht – damals schon deutlich vor Veröffentlichung der Entscheidung 2 Ob 225/07p bewusst war oder zumindest bewusst sein hätte müssen.

Im Übrigen hat **ein Rechtsanwalt** nach ständiger Rsp des OGH dann, wenn mehrere Rechtsbehelfe zur Verfügung stehen, von denen bei einem außer Zweifel steht, dass er zum Erfolg führen müsse, während dies beim anderen im Voraus nicht mit Sicherheit gesagt werden kann, **entweder den sicheren Weg zu wählen**

355 Siehe zB 6 Ob 198/15h ErwGr 4.5.1.

356 Mit Verweis auf *Grossmayer*, ecolex 2008, 1023: *„Das Kapitalerhaltungsgebot ist ferner zu beachten bei einer Reduktion der Haftsumme sowie bei einer Realteilung der KG“* etc.

357 *Karollus*, Gedanken zum Kapitalschutz bei der GmbH & Co KG, in FS Kropff (1997) 669, ecolex 1996, 860 (Entscheidungsanmerkung).

358 *Reich-Rohrwig*, Grundsatzfragen der Kapitalerhaltung bei AG, GmbH sowie GmbH & Co KG (2004).

359 *Jabornegg* in *Jabornegg*, HGB (1997) § 161 Rz 56.

360 *Szep*, Umgründungen iZm Personengesellschaften im Lichte jüngster OGH-Rspr zur Kapitalerhaltung, ecolex 2001, 804.

361 *Hügel*, Vermögensbindung und Kapitalschutz bei Sachdividende und Realteilung der GmbH & Co KG, in *Artmann/Rüffler/U. Torggler*, GVÖ Band 1: Die GmbH & Co KG (2011) 111 (114 f, 120 f).

362 Siehe zB 6 Ob 198/15h ErwGr 4.5.1.

oder beide Wege gleichzeitig anzuwenden.[363] Diese Auffassung lässt sich auf andere beratende Berufe im weiteren Sinn übertragen.[364]

18.13. Abschlussprüferhaftung

Auch Abschlussprüfer haften iZm verbotener Einlagenrückgewähr. Das ist insbesondere, aber nicht nur für Fälle wie Cash Pooling (siehe 23.16.) relevant.

Der Abschlussprüfer unterliegt einer **Redepflicht gem § 273 UGB**, wenn sich schwerwiegende Verstöße der gesetzlichen Vertreter oder von Arbeitnehmern gegen Gesetz, Gesellschaftsvertrag oder Satzung erkennen lassen. In diesem Fall hat er unverzüglich darüber zu berichten. Relevant sind vor allem Verstöße gegen unternehmens- und gesellschaftsrechtliche Normen, so etwa **Verstöße gegen das Verbot der Einlagenrückgewähr.**[365] **Der Abschlussprüfer muss also bei Erkennbarkeit, dass ein Fall verbotener Einlagenrückgewähr vorliegt, die Redepflicht ausüben.**[366]

Das muss mE auch jedem Abschlussprüfer bekannt sein. Erstens gibt es hier angesichts der klaren Gesetzeslage und Rechtsprechung keine relevanten Rechtsunsicherheiten. Zweitens wurde das eindeutige Judikat OGH 18.2.2021, 6 Ob 207/20i,[367] das ohnehin nur eine gefestigte und klare Judikaturlinie fortschrieb, prominent im Jahr 2021 in der *RWZ – Zeitschrift für Rechts und Rechnungswesen* (RWZ 2021/37) veröffentlicht. Zudem judizierte der OGH ohnehin bereits zu einer im Jahr 2009 durchgeführten Abschlussprüfung (in Bezug auf einen Einbringungsvertrag und die darauffolgenden Verbuchungen), dass dem Abschlussprüfer die am 28.6.2008 veröffentlichte relevante Entscheidung zur Einlagenrückgewähr[368] bekannt gewesen sein musste, weil der **Abschlussprüfer als Sachverständiger** anzusehen ist (vgl auch zur Anwaltshaftung 18.12.).[369]

Die Redepflicht ist eine Warnpflicht, die nur bei „schwerwiegenden Bedenken" auszuüben ist.[370] Keine Rechtswidrigkeit besteht, wenn eine Frage in bilanzrecht-

---

363 6 Ob 207/20i ErwGr 10.5; RS0026303.

364 6 Ob 207/20i ErwGr 10.5.

365 6 Ob 207/20i ErwGr 7.1 mit Verweis auf *Wenger*, Redepflicht des Wirtschaftsprüfers, in *Bertl/Hirschler/Aschauer* (Hrsg), Handbuch Wirtschaftsprüfung (2019) 825.

366 6 Ob 207/20i ErwGr 7.1 mit Verweis auf *Wenger*, Redepflicht des Wirtschaftsprüfers, in *Bertl/Hirschler/Aschauer* (Hrsg), Handbuch Wirtschaftsprüfung (2019) 825.

367 6 Ob 207/20i ErwGr 7.1: *„Der Abschlussprüfer unterliegt einer **Redepflicht** iSd § 273 UGB, wenn sich schwerwiegende Verstöße der gesetzlichen Vertreter oder von Arbeitnehmern gegen Gesetz, Gesellschaftsvertrag oder Satzung erkennen lassen. In diesem Fall hat er unverzüglich darüber zu berichten. Relevant sind vor allem Verstöße gegen unternehmens- und gesellschaftsrechtliche Normen, so etwa Verstöße gegen das Verbot der **Einlagenrückgewähr** (Wenger, Redepflicht des Wirtschaftsprüfers, in Bertl/Hirschler/Aschauer (Hrsg), Handbuch Wirtschaftsprüfung [2019] 825). Die Beklagte hätte also bei Erkennbarkeit, dass es sich im vorliegenden Fall um einen Verstoß gegen das Verbot der Einlagenrückgewähr handelt, ihre Redepflicht ausüben müssen."*

368 2 Ob 225/07p vom 29.5.2008.

369 6 Ob 207/20i ErwGr 10.2.

370 6 Ob 207/20i ErwGr 7.2 mit Verweis auf *Müller* in *Straube/Ratka/Rauter*, UGB II/RLG[3] § 273 Rz 22.

licher, betriebswirtschaftlicher oder prüfungstechnischer Sicht strittig ist und der Abschlussprüfer eine objektiv vernünftige Rechtsmeinung vertreten hat.[371] Wenn der Abschlussprüfer einem Rechtsirrtum unterliegt, der durch Anwendung der erforderlichen Sorgfalt (fachgerechte Recherche) vermieden hätte werden können, greift die Haftung des § 275 UGB aber jedenfalls ein.[372] Erfahrungsgemäß geht es bei dem Unterlassen der förmlichen und nachvollziehbaren Warnung vor verbotener Einlagenrückgewähr durch Abschlussprüfer und Berater idR nicht um vernünftige gegenteilige Rechtsmeinungen (dafür ist die Rechtslage mE zu klar und zu einfach), sondern um das Aufsetzen von Scheuklappen, um lukrative Konzernmandate zu behalten und nicht durch bequemere Konkurrenten ersetzt zu werden.

Gemäß § 275 Abs 2 UGB ist der **Abschlussprüfer zur gewissenhaften und unparteiischen Prüfung verpflichtet**. Verletzt er diese Pflicht, so ist er der Gesellschaft zum Ersatz des daraus resultierenden Schadens verpflichtet. § 275 UGB nimmt auf die Prüfung im weiteren Sinn Bezug, also auch auf die Redepflicht iSd § 273 Abs 2 UGB.[373] Von § 275 Abs 2 erfasst werden daher auch Schäden, die etwa im Zusammenhang der Verletzung der Redepflicht (§ 273 UGB) entstehen.[374]

Nach ständiger Rechtsprechung sind die **§§ 273 ff UGB als Schutzgesetze iSd § 1311 ABGB** zu qualifizieren, die gerade den Zweck haben, die geprüfte Gesellschaft **vor Vermögensschäden zu schützen**.[375] Für die Auslegung des Prüfungsvertrags und insbesondere für den Inhalt der vom Abschlussprüfer geschuldeten Prüfungshandlungen und dergleichen ist in erster Linie das Gesetz (§§ 269 f UGB iVm § 1299 ABGB) relevant, sodass der Abschlussprüfer dann rechtmäßig handelt, wenn er die Abschlussprüfung so durchführt wie ein sorgfältiger durchschnittlicher Abschlussprüfer.[376] Der Abschlussprüfer als Sachverständiger hat die Abschlussprüfung sorgfältig iSd § 1299 ABGB vorzunehmen, wobei seine Sorgfalt an den Berufsstandards einerseits und andererseits am abstrakten Ziel der Abschlussprüfung einer möglichst getreuen Darstellung der Vermögens- und Ertragslage des Unternehmens zu messen ist.[377] Im Ergebnis decken sich daher die objektiven Anforderungen einer gewissenhaften und sorgfältigen Prüfung und der objektive Sorgfaltsmaßstab des Prüfers, was eine gewisse **Vermengung der Tatbestandsmerkmale Rechtswidrigkeit und Verschulden** bedeutet, wobei **der Mitverschuldenseinwand dem Abschlussprüfer nicht zusteht**, ist es doch gerade

371 6 Ob 207/20i ErwGr 7.2.

372 6 Ob 207/20i ErwGr 7.2; mit Verweis auf *Fraberger/Petritz* in *Hirschler*, Bilanzrecht I² § 275 UGB Rz 66.

373 6 Ob 207/20i ErwGr 6.1; mit Verweis auf *Bertl/Mandl*, Handbuch Rechnungslegungsgesetz § 275 Rz 42.

374 6 Ob 207/20i ErwGr 6.1; mit Verweis auf *Völkl* in *Straube/Ratka/Rauter*, UGB II/RLG³ § 275 Rz 35; *Bertl/Mandl*, Handbuch Rechnungslegungsgesetz § 275 Rz 58.

375 6 Ob 207/20i ErwGr 6.2; RS0116079; RS0114297.

376 6 Ob 207/20i ErwGr 6.3.

377 6 Ob 207/20i ErwGr 6.3 mit Verweis auf *Völkl* in *Straube/Ratka/Rauter*, UGB II/RLG³ § 275 Rz 40 mwN.

Zweck der Prüfung, Fehler von Organen und Mitarbeitern aufzudecken.[378] Ein Abschlussprüfer kann sich zu seiner Entlastung gegenüber der Gesellschaft gerade nicht auf Fehler berufen, die der Vorstand oder der Geschäftsführer verschuldet.[379]

Die Beurteilung, ob eine Abschlussprüfung *lege artis* durchgeführt wurde, ist eine ***quaestio mixta***, die sowohl Tatsachen- als auch Rechtselemente enthält. Was konkret von einem gewissenhaften Abschlussprüfer zu fordern ist, hängt von den Umständen des Einzelfalls ab und ist aus Sinn und Zweck der gesetzlichen Abschlussprüfung abzuleiten.[380] Die einzufordernde Sorgfalt bemisst sich nach der aus objektiver Sicht zu beurteilenden Verkehrsauffassung.[381] Maßgeblich ist, welcher Prüfungsstandard normativ geboten ist, um dem gesetzlichen Zweck der Abschlussprüfung gerecht zu werden.[382]

Die Haftung des Abschlussprüfers für Pflichtverletzungen im Zuge der Abschlussprüfung ist ein integraler Bestandteil des ***„Systems zur Sicherung vertrauenswürdiger Urteile und gewissenhafter Prüfungen“*** **(sprich des Vertrauensschutzes im Geschäftsverkehr)** und tritt in diesem System neben die allgemeine zivilrechtliche Haftungsebene.[383] Insoweit müssen grundsätzlich die allgemeinen Voraussetzungen einer Schadenersatzpflicht nach §§ 1293 ff ABGB erfüllt sein: Schaden, Kausalität, Rechtswidrigkeit, Rechtswidrigkeitszusammenhang und Verschulden.[384]

Die bei der geprüften Gesellschaft eintretenden Schäden werden sich **regelmäßig** als **bloße Vermögensschäden** (also nachträgliche Veränderungen des Vermögens, die beim Geschädigten eintreten, ohne Folge der Verletzung eines absolut geschützten Rechtsguts zu sein) manifestieren, **die durch eine sorgfaltslose und ungewissenhafte oder gar parteiische Abschlussprüfung entstanden sind.**[385] Dabei handelt es sich vorwiegend um Schadensfälle, die auf die Fehlerhaftigkeit des unter der Verantwortung der gesetzlichen Vertreter der geprüften Gesellschaft aufgestellten Jahres- bzw Konzernabschlusses zurückgehen und vom Abschlussprüfer wegen dessen pflichtwidrigen Verhaltens nicht aufgedeckt wurden. Dies bedeutet, dass der Geschädigte (meist die geprüfte Gesellschaft) unter Berücksichtigung seines Gesamtvermögens so zu stellen ist, wie er ohne das schädigende Ereignis stünde.[386] **Der konkrete Schaden ist daher mithilfe der Differenzmethode** (Differenzhypothese) zu errechnen.[387]

Eine Unterlassung des pflichtgemäßen Handelns (wie etwa der Ausübung der Redepflicht) ist nur dann kausal, wenn ein gebotenes Tun den schädigenden Erfolg

378 6 Ob 207/20i ErwGr 6.3 mit Verweis auf *Fraberger/Petritz* in *Hirschler*, Bilanzrecht I² § 275 UGB Rz 43; 8 Ob 76/15g.

379 Siehe zB OGH 29.3.2016, 8 Ob 76/15g, SZ 2016/37 = ÖJZ EvBl 2016/126, 878 *(Rohrer)*.

380 6 Ob 207/20i ErwGr 6.4.

381 6 Ob 207/20i ErwGr 6.4.

382 6 Ob 207/20i ErwGr 6.4; RS0130434.

383 6 Ob 207/20i ErwGr 6.5; mit Verweis auf *Müller* in *Straube/Ratka/Rauter*, UGB II/RLG³ § 273 Rz 34.

384 6 Ob 207/20i ErwGr 6.5; mit Verweis auf *Feltl*, UGB § 275 Rz 1.

385 6 Ob 207/20i ErwGr 8.1.

386 6 Ob 207/20i ErwGr 8.1.

387 6 Ob 207/20i ErwGr 8.1 mit Verweis auf *Müller* in *Straube/Ratka/Rauter*, UGB II/RLG³ § 273 Rz 36 mwN.

verhindert hätte.[388] Die Anforderungen an den Beweis des hypothetischen Kausalverlaufs sind bei einer Schädigung durch Unterlassen geringer als jene an den Nachweis der Verursachung bei einer Schadenszufügung durch positives Tun. Die Frage, wie sich Geschehnisse entwickelt hätten, wenn der Schädiger pflichtgemäß gehandelt hätte, lässt sich naturgemäß nie mit letzter Sicherheit beantworten, weil dieses Geschehen eben nicht stattgefunden hat.[389] Es **genügt daher** für die klagende Gesellschaft oder deren klagenden Insolvenzverwalter, die **überwiegende Wahrscheinlichkeit im Verfahren zu plausibilisieren**, dass der Schaden auf das Unterlassen pflichtgemäßen Handelns zurückzuführen ist.[390]

Im Fall der Redepflicht setzt die Kausalität für Schäden der Gesellschaft voraus, dass die zuständigen Organe bei pflichtgemäßer Berichterstattung des Prüfers überhaupt Maßnahmen zur Abwendung der Schäden getroffen hätten, wobei der beklagten Abschlussprüferin der Einwand des rechtmäßigen Alternativverhaltens (der Schaden wäre auch entstanden, wenn der Schädiger sich rechtmäßig verhalten hätte) zusteht; dieser kann zum Ausschluss der Ersatzpflicht führen.[391] ME kann der Kausalitätsbeweis auch dadurch erbracht werden, dass die überwiegende Wahrscheinlichkeit plausibilisiert wird, dass im Fall der Ausübung der Redepflicht und/oder der Verweigerung eines uneingeschränkten Bestätigungsvermerks (auch) andere als die Organe der Gesellschaft, nämlich zB Gläubiger wie Investoren oder Banken etc, Maßnahmen zur Abwendung der Schäden getroffen oder mit Aussicht auf Erfolg Insolvenzanträge gestellt hätten etc.

18.14. Echte Dritte

18.14.1. Allgemein

Normadressaten des Verbots der Einlagenrückgewähr sind die Gesellschaft und der Gesellschafter, nicht aber auch ein Dritter. Geschäfte sind in der Regel gültig, wenn sich das Verbot nur an den einen der beiden Geschäftspartner richtet.[392] Wenngleich sich das Verbot der Einlagenrückgewähr in erster Linie an die Gesellschaft richtet, kann es aber auch einem Dritten entgegengehalten werden,

a) wenn dieser entweder **kollusiv gehandelt** hat oder
b) wenn sich ihm der Verstoß gegen das Verbot der Einlagenrückgewähr **geradezu aufdrängen musste** oder
c) wenn er davon **positive Kenntnis** hatte.[393]

388 6 Ob 207/20i ErwGr 9.1 mit Verweis auf *Köll/Milla* in *Zib/Dellinger*, UGB III/2 § 273 Rz 45.
389 RS0022900.
390 6 Ob 207/20i ErwGr 9.1.
391 6 Ob 207/20i ErwGr 9.2 mit Verweis auf (*Bertl/Mandl*, Handbuch Rechnungslegungsgesetz § 275 UGB Rz 71); RS0114296.
392 17 Ob 5/19p ErwGr 3.1; 4 Ob 2078/96h.
393 6 Ob 232/16k ErwGr 4.1 mwN; 6 Ob 24/23g; RS0105536 (T12).

Eine **allgemeine Erkundigungs- und Prüfpflicht eines Dritten** besteht nicht für alle Fälle denkmöglicher Einlagenrückgewähr, sondern nur dort, **wo sich der Verdacht eines Missbrauchs** schon so weit **aufdrängt**, dass er **nahezu einer Gewissheit** gleichkommt.[394]

Ob eine Erkundigungs- und Prüfpflicht bestand, kann immer nur aufgrund der Umstände des konkreten Einzelfalls beurteilt werden; der Beantwortung dieser Frage kommt regelmäßig nicht die von **§ 502 Abs 1 ZPO** geforderte Bedeutung zu.[395] Der maßgebliche Zeitpunkt für die Beantwortung der Frage nach dem Bestehen einer Erkundigungs- und Prüfpflicht ist der Zeitpunkt des Abschlusses des Rechtsgeschäfts.[396]

Wenn die Unkenntnis des Verstoßes gegen das Verbot der Einlagenrückgewähr auf grober Fahrlässigkeit beruht, beurteilt sich die Wirksamkeit des Vertrags nach den Grundsätzen über den Missbrauch der Vertretungsmacht.[397]

Eine Haftung des Dritten kann sich auch aus dem Schadenersatzrecht ergeben (Sittenwidrigkeit iSd § 1295 Abs 2 ABGB).[398] Zur Haftung von Geschäftsführern der empfangenden Gesellschaft siehe 18.14.7.

18.14.2. Rechtsgutachten

Im Zusammenhang mit allenfalls eingeholten Rechtsgutachten judiziert der OGH, dass Voraussetzung für den allfälligen Entfall eines Rechtsirrtums ist, dass die Anfrage entsprechend ergebnisoffen formuliert war; **bloße Gefälligkeitsgutachten exkulpieren nicht**, wobei die (extrem geringe oder auffallend hohe) Höhe des Honorars ein Indiz für mangelnde Seriosität sein kann.[399]

18.14.3. Banken

Für Banken (siehe auch 18.14.1.) besteht ebenfalls nicht für alle Fälle denkmöglicher Einlagenrückgewähr eine allgemeine Erkundigungs- und Prüfpflicht, sondern sie ist nur dort zu fordern, wo sich der **Verdacht schon so weit aufdrängt, dass er nahezu einer Gewissheit gleichkommt.**[400] Die Beurteilung muss für den Zeitpunkt des Abschlusses des Rechtsgeschäfts vorgenommen werden.[401] In jenen

394 17 Ob 5/19p ErwGr 3.2; 6 Ob 271/05d = JBl 2006, 388 (zust *Artmann*) = ÖBA 2006/1337 (zust *Karollus*); 9 Ob 25/08d; 7 Ob 35/10p; 6 Ob 29/11z = ÖBA 2012/1818 *(Bollenberger)*; 3 Ob 50/13v = RZW 2013, 315 *(Wenger)* = GesRZ 2013, 356 *(Artmann)* = ÖBA 2014/1983 *(Bydlinski)*.

395 RS0105537 (T11).

396 Vgl 10 Ob 86/18x; RS0105537.

397 RS0105536 (T4).

398 RS0105536 (T20).

399 6 Ob 207/20i ErwGr 10.4; 6 Ob 198/15h.

400 RS0105537 (T4).

401 RS0105537 (T5).

Fällen, in denen das Vorliegen einer betrieblichen Rechtfertigung schon bei erstem Anschein plausibel erscheint und in denen keine Verdachtsmomente gegeben sind, die den Kreditgeber am Vorliegen einer betrieblichen Rechtfertigung zweifeln lassen müssten, besteht kein weiterer Überprüfungsbedarf in diese Richtung; schon **von vornherein hochverdächtige Fälle lösen hingegen Erkundigungspflichten aus**. Der Kreditgeber hat bei den Beteiligten nach der Gegenleistung nachzufragen, wobei er sich auf nicht offenkundig unrichtige Auskünfte verlassen darf.[402]

Bei der Beurteilung der groben Fahrlässigkeit des Kreditgebers kommt es auf seine Möglichkeiten an, zu erkennen, dass die Zahlungen an ihn von keinem (im Konzern) rechtfertigenden Sachverhalt (ohne adäquate Gegenleistung) getragen waren und einem Fremdvergleich nicht standhielten.[403] Ob eine Erkundigungs- und Prüfpflicht bestand(-en hätte), kann immer nur aufgrund der Umstände des konkreten Einzelfalls beurteilt werden; der Beantwortung dieser Frage kommt regelmäßig nicht die von § 502 Abs 1 ZPO geforderte Bedeutung zu.[404]

Einer Bank muss sich der Verdacht einer unzulässigen Einlagenrückgewähr zB dann aufdrängen, wenn sich die Bank bewusst ist, dass die Kreditgewährung an die Zielgesellschaft ausschließlich dem (oft sogar im Kreditvertrag als solchen bezeichneten) Zweck der **Finanzierung des Anteilskaufs** diente.[405] Gleiches gilt bei einer **Sicherheitenbestellung** durch die Zielgesellschaft zu dem der Bank bekannten Zweck der Finanzierung des Anteilskaufs.[406]

Wusste eine Kreditgeberin von der von den Beteiligten intendierten Vorgangsweise (verbotene Einlagenrückgewähr) zum Zeitpunkt der Zuzählung der Kreditsumme, ist nicht zweifelhaft, dass sie auch als Dritte, am nichtigen Geschäft an sich nicht Beteiligte rückgabepflichtig ist; zumindest musste sich ihr der Missbrauch geradezu aufdrängen, woran auch die **Eintragung des Verschmelzungsvorgangs ins Firmenbuch nichts ändert**.[407]

Eine kreditgewährende Bank, der sich der Verdacht der verbotenen Einlagenrückgewähr aufdrängen musste, hat gegen die geschädigte Gesellschaft weder einen Anspruch auf (ratenweise) Tilgung des Kredits noch einen bereicherungsrechtlichen Anspruch auf (dann sogar sofortige) Rückzahlung des gewährten Kredits, weil diesfalls der von § 82 GmbHG verfolgte Normzweck ins Leere ginge.[408]

402 RS0105537 (T6).
403 RS0105537 (T3).
404 RS0105537 (T11).
405 3 Ob 50/13v ErwGr 1.8.
406 RS0105540; vgl auch 6 Ob 271/05d.
407 RS0105537 (T8).
408 RS0105537 (T9).

18.14.4. Dritte Nicht-Banken

Die **für Kreditinstitute als Dritte aufgestellten Grundsätze gelten auch für Dritte**, die für andere Ansprüche als Kredite Sicherheiten empfangen (siehe auch 18.14.1.).[409] Auch **Ehegatten des Treugebers eines Gesellschafters** sind erfasst.[410]

18.14.5. Kollusion und positive Kenntnis der Einlagenrückgewähr

Dritte sind jedenfalls

a) bei Kollusion (absichtlichem Zusammenwirken in Schädigungsabsicht, bewusstem Handeln zum Nachteil der Gesellschaft)[411] und

b) bei grober Fahrlässigkeit rückgabepflichtig.

Zudem fallen Dritte in den Anwendungsbereich des § 82 GmbHG bzw § 52 AktG, wenn ihnen der **Zweck** des verbotenen Rechtsgeschäfts **und damit der Verstoß** gegen das Verbot der Einlagenrückgewähr **bekannt** ist.[412]

Zwischen Fällen, in denen für den Dritten die Missbräuchlichkeit der Vertretungshandlung geradezu evident ist, und Fällen der Kollusion im engeren Sinn besteht allenfalls nur noch ein gradueller Unterschied, zumal für diese bedingter Vorsatz ausreicht[413] bzw es für eine missbräuchliche Rechtsausübung bereits genügt, wenn zwischen den vom Handelnden verfolgten eigenen Interessen und den beeinträchtigten Interessen des anderen Teils ein „krasses Missverhältnis“ besteht.[414]

Sowohl beim Vollmachtsmissbrauch im engeren Sinn als auch bei sonstiger **Überschreitung von im Innenverhältnis bestehenden Bindungen** ist das Handeln des Vertreters nicht vom Willen des Geschäftsherrn gedeckt, was sich der Dritte entgegenhalten lassen muss, wenn ihm dieser Umstand bekannt war.[415]

---

409 RS0105536 (T26); 6 Ob 24/23g.

410 Vgl RS0105536 (T25) iVm 6 Ob 31/22k.

411 RS0105536 (T2).

412 6 Ob 35/19v ErwGr 3.3.5; 6 Ob 48/12w; 6 Ob 14/14y ErwGr 1.5; 6 Ob 232/16k ErwGr 4.1; 6 Ob 14/14y ErwGr 1.5; GES 2015,17 = wbl 2015, 164/56 – wbl 2015/56 = NZ 2015/36 S 107 *(Till)* – NZ 2015,107 *(Till)* = ecolex 2015/50, 128 *(Brugger)* – ecolex 2015, 128 *(Brugger)* = GesRZ 2015, 130 *(Karollus)* = AnwBl 2015, 259 = JAP 2014/2015/23, 236 *(Milchrahm/Rauter)* – JAP 2014/2015, 236 *(Milchrahm/Rauter)* = RZ 2015, 137 EÜ 55, 56 – RZ 2015 EÜ55 – RZ 2015 EÜ56 = *Reisch/Hampel*, ZIK 2015/100 S 91 – *Reisch/Hampel*, ZIK 2015, 91 = ZIK 2015/149, 118 = ZIK 2015, 118 = ZFR 2015/179, 335 – ZFR 2015, 335 = RdW 2015/381, 425 – RdW 2015, 425 = SZ 2014/125 = ÖBA 2016, 458/2221 – ÖBA 2016/2221 = *Hermann*, GES 2016, 394 = *Prostor*, ZfRV 2019/22, 179 – *Prostor*, ZfRV 2019, 179 = *Reich-Rohrwig/Aschl*, ecolex 2022/565, 850 (Rechtsprechungsübersicht) – *Reich-Rohrwig/Aschl*, ecolex 2022, 850 (Rechtsprechungsübersicht); RS0105536; RS0105537; 6 Ob 29/11z.

413 6 Ob 35/19v ErwGr 5.2 mit Verweis auf RS0026603; *Harrer/Wagner* in *Schwimann/Kodek*, ABGB[4] § 1295 Rz 146 mwN.

414 6 Ob 35/19v ErwGr 5.2 mit Verweis auf RS0026271 (T19); 6 Ob 122/16h ErwGr 2.4.2.

415 6 Ob 35/19v ErwGr 4.2 f mit sehr ausführlicher Herleitung über: *Apathy* in *Schwimann/Kodek*, ABGB[4] § 1017 Rz 13; *Jüngst*, Der Missbrauch organschaftlicher Vertretungsmacht (1981) 15, 48 ff; *Auer*, GesRZ 2000, 138, 140 f, 143; *Koppensteiner*, Über Grenzen organschaftlicher Vertretungsmacht im Gesellschaftsrecht, in FS Bucher (2009) 407 (408 ff, 410, 414, 415); preußischer Entwurf und erster Entwurf des ADHGB; *P. Bydlinski* in FS F. Bydlinski (2002) 19, 38 ff.

18.14.6. Haftung Dritter trotz Abwicklung durch Anwälte

Die Vermutung eines Dritten, dass die anwaltlich vertretene Gegenseite über die jeweiligen Innenverhältnisse Bescheid gewusst habe und von dieser allfällige gesellschaftsrechtliche Beschränkungen berücksichtigt oder thematisiert worden wären, ist durchaus fahrlässig, erreicht jedoch nicht die Qualität eines zwingenden und sich geradezu aufdrängenden Verdachts.[416] Andererseits schließt der Umstand, dass eine Anwaltskanzlei als Treuhänderin und auch mit der Vorbereitung und Verfassung des Pfandbestellungsvertrags beauftragt war, **nicht** aus, dass beim dritten Sicherheitenempfänger eine Verdachtslage vorliegt, die nahezu einer Gewissheit über das Vorliegen verbotener Einlagenrückgewähr gleichkommt.[417]

18.14.7. Geschäftsführer der empfangenden Gesellschaft

Geschäftsführer einer Gesellschaft, die verbotene Einlagenrückgewähr empfängt, sind zwar weder (mittelbare oder unmittelbare) Gesellschafter noch Geschäftsführer der geschädigten Gesellschaft und sind daher auch nicht unmittelbar Adressaten des Verbots der Einlagenrückgewähr in § 82 GmbHG oder der Geschäftsführerhaftung gem § 25 Abs 3 Z 1 GmbHG. Zwar schlagen die Kapitalerhaltungsregelungen gegenüber Dritten insofern durch, als diese dazu führen können, dass die Regeln des Vollmachtsmissbrauchs eingreifen (siehe auch 11. und 16.),[418] eine Rückzahlungspflicht nach § 83 GmbHG oder nach allgemeinem Bereicherungsrecht besteht jedoch nur für den jeweiligen Empfänger einer Leistung. Auch Leistungskondiktionen stehen nach ständiger Rechtsprechung nur dem Leistenden gegen den Empfänger zu.[419] Für eine Haftung von Organen des Leistungsempfängers ist aus § 83 GmbHG oder den bereicherungsrechtlichen Regelungen des ABGB nichts abzuleiten. Dennoch kann sich eine Haftung der Geschäftsführer der eine verbotene Einlagenrückgewähr empfangenden Gesellschaft aus dem Schadenersatzrecht ergeben, wobei ein **bloßer Vermögensschaden** zu beurteilen ist.[420] Derartige Schäden sind im Rahmen einer vertraglichen Beziehung[421] zu ersetzen sowie dann, wenn ein Schutzgesetz verletzt wird, das auch den Schutz des bloßen Vermögens bezweckt, oder wenn eine sittenwidrige Schädigung im Sinne des § 1295 Abs 2 ABGB vorliegt.[422] Zwischen der durch verbotene Einlagenrückgewähr geschädigten Gesellschaft und den Geschäftsführern der empfangenden Gesellschaft besteht kein Vertragsverhältnis. Die §§ 25, 82 GmbHG stellen zwar Schutzgesetze dar, aber

416 6 Ob 89/20m ErwGr 2.
417 6 Ob 89/20m ErwGr 2.
418 6 Ob 61/21w ErwGr 1.1; 6 Ob 35/19v; 9 Ob 25/08d; RS0105536 (T4).
419 RS0020192; RS0033737 (T3).
420 6 Ob 61/21w ErwGr II.1.2.
421 6 Ob 61/21w Rz 33 vgl 6 Ob 214/19t (Treuhand).
422 6 Ob 61/21w ErwGr 1.2 mit Verweis auf *Kodek* in *Kletečka/Schauer*, ABGB-ON § 1294 Rz 11; 7 Ob 28/18w; 4 Ob 201/18i; 4 Ob 158/17i.

deren Schutzzweck liegt im Schutz der jeweiligen (entreicherten, geschädigten) Gesellschaft und ihren Gläubigern,[423] nicht jedoch im Schutz anderer Gesellschaften. Die Geschäftsführer der eine verbotene Einlagenrückgewähr empfangenden Gesellschaft sind daher nach § 25 GmbHG gegenüber der empfangenden Gesellschaft zur Sorgfalt verpflichtet, nicht jedoch zudem gegenüber der dadurch geschädigten (anderen) Gesellschaft.

Auf die strafrechtliche Frage, ob die Rechtsprechung, wonach der einzige Gesellschafter einer GmbH als Täter einer zu deren Lasten begangenen **Untreue (§ 153 StGB)** nicht in Betracht kommt,[424] auch auf die „Ein-Personen-GmbH & Co KG" zu übertragen ist, sowie auf andere strafrechtliche Fragen, wie zB die Erfüllung des **§ 156 StGB**, kommt es in solchen Konstellationen nicht an, weil sich die Haftung der Geschäftsführer der empfangenden Gesellschaft bereits aus zivilrechtlichen Grundsätzen ergibt.[425] Schließlich ist zB **bei Kenntnis der Geschäftsführer der empfangenden Gesellschaft davon, dass die empfangene Zahlung aus verbotener Einlagenrückgewähr stammt**, die Mitwirkung der Geschäftsführer der empfangenden Gesellschaft durch **Annahme solcher Zahlungen sittenwidrig im Sinne des § 1295 Abs 2 ABGB**, zumal (schutzwürdige) eigene Interessen der mitwirkenden Geschäftsführer der empfangenden Gesellschaft an der geübten Vorgangsweise nicht ersichtlich sind. Es ist iSd § 1295 Abs 2 ABGB sittenwidrig und ein Dritte massiv schädigendes Verhalten der Geschäftsführer, die gegen das Verbot der Einlagenrückgewähr verstoßende Zahlungen einer anderen Gesellschaft annehmen und dabei zumindest **billigend in Kauf nehmen**, dass jener Gesellschaft dadurch ein endgültiger Vermögensnachteil entsteht, womit sie maßgeblich **zum Verstoß gegen das Verbot der Einlagenrückgewähr beitragen**. Damit ergibt sich die Haftung der Geschäftsführer der empfangenden Gesellschaft bereits aus **genuin zivilrechtlichen Überlegungen**. Daher ist in solchen Fällen nicht entscheidungsrelevant, ob das Einbehalten (bzw ggf anschließende Weiterleiten) der Überweisung[426] als **(Anschluss-)Unterschlagung im Sinne des § 134 StGB** qualifiziert werden kann, weil die Geschäftsführer der empfangenden Gesellschaft sich bzw der von ihr vertretenen empfangenden Gesellschaft ein Gut zueigneten, das sonst ohne ihr Zutun in ihren Gewahrsam geraten war.[427] Jedenfalls ergibt sich aus § 134 StGB, dass der Empfänger eines ihm unberechtigt zukommenden Gutes dieses nicht einfach sich oder einem Dritten zueignen darf. Insofern erfährt durch diese Bestimmung die im Vorigen aus § 1295 Abs 2 ABGB abgeleitete Wertung eine Bestätigung.[428]

423 Vgl 6 Ob 171/15p.
424 RS0094723.
425 Vgl 6 Ob 61/21w ErwGr 2.2.
426 Zur Qualifikation unkörperlicher Sachen als „Gut" im Sinne des § 134 StGB vgl RS0093878; aA *Salimi* in *Höpfel/Ratz*, WK-StGB[2] § 134 Rz 9.
427 Vgl *Salimi* in *Höpfel/Ratz*, WK-StGB[2] § 134 Rz 34 ff.
428 6 Ob 61/21w ErwGr 3.8.

19. Verjährung, Bereicherung, Aufrechnung

19.1. Zwei Anspruchsgrundlagen und Verjährungsfristen

Auf das Verbot der Einlagenrückgewähr gestützte Rückleistungsansprüche verjähren als solche binnen fünf Jahren (§ 25 Abs 6 und § 83 Abs 5 GmbHG).[429] Es entspricht mittlerweile ständiger Rechtsprechung, dass der Rückforderungsanspruch nach § 83 GmbHG mit der Rückforderung von verbotswidrigen Leistungen nach allgemeinem Bereicherungsrecht konkurriert.[430] Daher kommt neben der Verjährungsfrist des § 83 Abs 5 GmbHG auch die allgemeine Verjährungsfrist zum Tragen.[431] Die in der Literatur mitunter an dieser Auffassung geäußerte Kritik[432] verkennt laut OGH[433], dass sich der Rückzahlungsanspruch nach § 83 Abs 1 GmbHG inhaltlich von bereicherungsrechtlichen Rückforderungsansprüchen unterscheidet.[434] Im Hinblick auf diese Unterschiede, die sich etwa bei der unterschiedlichen Aufrechnungsmöglichkeit zeigen,[435] kann laut OGH[436] keine Rede davon sein, dass die Anwendung der langen Verjährungsfrist des Zivilrechts neben derjenigen des § 83 GmbHG „sinnwidrig" wäre.

Die Rechtsgrundlagen der verbotenen Einlagenrückgewähr und der rechtsgrundlosen Bereicherung (Nichtigkeitssanktion) konkurrieren, sodass auch nach Ablauf jener fünf Jahre die Geltendmachung rechtsgrundloser Bereicherung innerhalb ihrer dreißigjährigen Verjährungsfrist offensteht.[437] Die Privilegierung des Empfängers einer Leistung, der von deren Verbotswidrigkeit keine Kenntnis hat, in § 83 Abs 5 GmbHG schlägt nicht auf das allgemeine Bereicherungsrecht durch.[438] Ein relevanter Unterschied liegt darin, dass nach Ablauf der fünfjährigen Verjährungsfrist für auf das Verbot der Einlagenrückgewähr gestützte Rückleistungsansprüche die Aufrechnungseinrede erhoben werden könnte, dem zuvor erhebliche Schranken entgegenstehen (siehe auch 14.9.3. und 14.9.4.).[439]

19.2. Anlaufhemmung bei Interessenkollision und Beweislast

Grundsätzlich hat jede Partei die für ihren Rechtsstandpunkt günstigen Tatsachen zu beweisen.[440] Für den Beginn der Verjährungsfrist ist nach ständiger Rechtsprechung grundsätzlich der Anspruchsgegner, in der Regel die Beklagte, beweispflichtig.[441]

429 6 Ob 98/24s.
430 6 Ob 61/21w; RS0128167.
431 RS0128167.
432 Vgl *Böhler*, ÖBA 2004, 445; *Bauer/Zehetner* in *Straube/Ratka/Rauter*, GmbHG § 83 Rz 37.
433 6 Ob 61/21w ErwGr 5.2.
434 6 Ob 61/21w ErwGr 5.2 mit Verweis auf 6 Ob 114/17h.
435 6 Ob 206/17p.
436 6 Ob 61/21w ErwGr 5.2.
437 RS0128167.
438 RS0128167.
439 6 Ob 206/17p ErwGr 3.1.
440 RS0037797.
441 RS0034456.

Für die etwaige Hemmung der Verjährung ist der Kläger beweispflichtig.[442] Besonders relevant, insbesondere zB für später bestellte Insolvenzverwalter oder später hinzukommende Organe (Geschäftsführer, Vorstände, Liquidatoren), ist die Frage nach der **Hemmung des Laufs der Verjährung wegen Interessenkollisionen**, wofür die klagende geschädigte Gesellschaft die Beweislast trägt.[443]

Der OGH wendet **§ 1494 ABGB** in bestimmten Fällen **analog** auf Gesellschaften an. Die Bestimmung des § 1494 ABGB schützt Entscheidungsunfähige (Abs 1) und Minderjährige (Abs 2) vor der Gefahr des Rechtsverlustes durch Verjährung, wenn sie keinen gesetzlichen Vertreter haben, der ihre Rechte wahrnehmen könnte. In diesen Fällen kann die Verjährungsfrist nicht zu laufen beginnen (**Fortlaufshemmung**). § 1494 Abs 3 ABGB hemmt den Fristenlauf insofern, als eine einmal angefangene Verjährungszeit zwar fortläuft; diese kann jedoch **frühestens zwei Jahre nach Wegfall des Hemmungsgrundes enden (Ablaufshemmung)**. Das eigentliche Anwendungsgebiet des § 1494 ABGB wird von der Rechtsprechung *per analogiam* auf andere, ungeregelte Konstellationen erstreckt. Nicht nur das gänzliche Fehlen eines gesetzlichen Vertreters führt zur Anwendung der Hemmungsbestimmung des § 1494 ABGB. Vielmehr greift die Hemmungsbestimmung auch dann Platz, wenn zwar eine ordnungsgemäße gesetzliche Vertretung besteht, **vom Vertreter aber wegen einer Interessenkollision eine gesetzmäßige Wahrung der Interessen des Vertretenen nicht zu erwarten ist.**[444] Die Überlegungen zur Hemmung der Verjährung von Ansprüchen Minderjähriger, die über keine ordnungsgemäße Vertretung verfügen, weil vom Vertreter wegen einer Interessenkollision eine gesetzmäßige Wahrung ihrer Rechte nicht zu erwarten ist, werden von der Rsp des OGH wegen der gleichgelagerten Schutzbedürftigkeit von Gesellschaften auf jene Fälle übertragen, in denen es wegen einer Interessenkollision nicht zu erwarten ist, dass der Geschäftsführer während seiner Tätigkeit allfällige Rückersatzansprüche der Gesellschaft gegen sich selbst gemäß § 83 GmbHG durchsetzen würde.[445]

Verbleiben der Gesellschaft „unbefangene" Mitglieder des Kollegialorgans (wegen einer Einschränkung ihrer Vertretungsbefugnis) nicht mehr in vertretungsbefugter Anzahl, ist daher von einer Hemmung der Verjährungsfrist auszugehen, weil eine ordnungsgemäße Vertretung der Gesellschaft nicht möglich ist.[446] Es kann nach der Rsp des OGH[447] nicht zweifelhaft sein, dass in der ersten logischen Sekunde nach der die verbotene Einlagenrückgewähr bewirkenden Handlung jedenfalls keine ordnungsgemäße Vertretung vorliegt und die Verjährung diesbezüglicher Ansprüche

442 Vgl RS0034647 (T1).
443 6 Ob 98/24s.
444 6 Ob 110/12p ErwGr D.4.13; 6 Ob 21/21p ErwGr 6.
445 6 Ob 170/23b (Rz 17 f) EvBl 2024/133 = GesRZ 2024, 190 *(Auer)* = *Foglar-Deinhardstein*, GES 2024, 171 = *Fellner/Müller*, GES 2024, 180.
446 6 Ob 170/23b (Rz 24 f) mwN.
447 6 Ob 98/24s.

einer Gesellschaft vorerst in analoger Anwendung von § 1494 ABGB gehemmt ist, und zwar in Form der **Anlaufhemmung**.

Die Fristenhemmung nach § 1494 ABGB bewirkt, wenn es schon von Beginn der Verjährungsfrist an einer ordentlichen gesetzlichen Vertretung mangelt, eine **Fortlaufshemmung (Anlaufhemmung)**, sodass der Fristbeginn (grundsätzlich) bis zum Wegfall des Hindernisses hinausgeschoben wird.[448] In solchen Fällen liegt die Beweislast für Tatsachen, aus denen sich konkret ein Wegfall der Anlaufhemmung (und damit hier überhaupt der Beginn des Laufs der Verjährungsfrist) ab einem bestimmten Zeitpunkt vor tatsächlicher Beseitigung des Vertretungsmangels ableiten ließe, beim Empfänger der verbotenen Einlagenrückgewähr.[449]

19.3. Kenntnis von Schaden und Schädiger (durch andere Organmitglieder)

Nach § 1489 ABGB beginnt die Verjährungsfrist mit Kenntnis von Schaden und Schädiger zu laufen. Die Kenntnis des Sachverhalts, der den Grund des Entschädigungsanspruchs darstellt, beginnt erst, wenn dem Beschädigten der Sachverhalt so weit bekannt wurde, dass er eine Klage mit Aussicht auf Erfolg anstellen hätte können.[450] „*Kenntnis des Schadens*“ bedeutet objektives Bekanntsein aller Tatumstände, die für die Entstehung des Anspruchs maßgeblich sind.[451] Dabei ist **grundsätzlich positive Kenntnis erforderlich**; die bloße **Möglichkeit der Kenntnis der Tatumstände reicht nicht** aus.[452]

Bei juristischen Personen ist grundsätzlich auf die Kenntnis der zur Vertretung im betroffenen Bereich berufenen Organmitglieder abzustellen.[453] Dies gilt jedoch nicht, wenn es sich um Schadenersatzansprüche aus vom Vertreter selbst (mit-)verursachten Schäden handelt: Diesfalls kommt es auf die **Kenntniserlangung durch andere Organmitglieder** oder **Wissensvertreter** an.[454]

Wenn der Geschädigte die für die erfolgversprechende Anspruchsverfolgung notwendigen Voraussetzungen **ohne nennenswerte Mühe** in Erfahrung bringen kann, gilt die Kenntnisnahme schon als in dem Zeitpunkt erlangt, in welchem sie ihm bei **angemessener Erkundigung** zuteil geworden wäre. Dabei ist auf die Umstände des konkreten Falles abzustellen. Die **Erkundigungspflicht des Geschädigten darf nicht überspannt werden.**[455]

448 6 Ob 170/23b Rz 16.
449 6 Ob 98/24s.
450 6 Ob 61/21w Rz 45; RS0034524.
451 RS0034547; *Mader/Janisch* in *Schwimann/Kodek*, ABGB^5 § 1489 Rz 9.
452 Vgl 1 Ob 27/05k; *Mader/Janisch* in *Schwimann/Kodek*, ABGB^5 § 1489 Rz 9.
453 6 Ob 61/21w Rz 46; RS0009172.
454 6 Ob 183/13z ErwGr 1.3.1; 6 Ob 61/21w ErwGr 4.2; siehe auch RS0034327.
455 RS0034327.

19.4. Handlungspflicht unbefangener Geschäftsführer

19.4.1. Vorerst gebotene außergerichtliche Bereinigung

Es ist im Regelfall durchaus objektiv geboten, weil wirtschaftlich vernünftig und von einem „unbefangenen" Kollektivgeschäftsführer auch zu erwarten, vorerst zu versuchen, Meinungsdifferenzen oder sogar Missstände der Geschäftsführung oder mit den Gesellschaftern, außergerichtlich zu bereinigen.[456] Der an der verbotenen Einlagenrückgewähr unbeteiligte (unbefangene) Geschäftsführer muss nämlich – sofern kein Fall vorliegt, der sofort zur Beseitigung der Vertretung durch den mit einer Interessenkollision behafteten (befangenen) Geschäftsführer zu führen hätte – in anderen Fragen weiterhin die Geschäfte der Gesellschaft gemeinsam mit dem befangenen Geschäftsführer führen und die Kosten einer zu erwirkenden anderen Vertretung der Gesellschaft in Bezug auf die konkrete mit einer Interessenkollision belastete Forderung bedenken.[457]

19.4.2. Beginn der Handlungspflicht des Geschäftsführers, Einzelfallentscheidung

Die Frage, ab wann nun ein unbefangener (siehe 19.4.1.) kollektivvertretungsbefugter Geschäftsführer einer Gesellschaft Schritte zur Beseitigung des Vertretungsmangels zu setzen gehabt hätte und wann der Vertretungsmangel dann (schon früher) beendet gewesen wäre (sodass die Verjährungsfrist zu laufen begonnen hätte), wird sich immer nur im Einzelfall beantworten lassen.[458]

19.4.3. Handlungspflicht unbefangener Gesellschafter

19.4.3.1. Einzelfallentscheidung, keine sofortige Handlungsverpflichtung

Auch die Frage, ab wann nun ein unbefangener Gesellschafter Schritte zur Beseitigung des Vertretungsmangels zu setzen gehabt hätte und wann der Vertretungsmangel dann (schon früher) beendet gewesen wäre (sodass die Verjährungsfrist zu laufen begonnen hätte), wird sich immer nur im Einzelfall beantworten lassen.[459] Einen raschen Beginn des Laufs der Verjährung wegen der Möglichkeit, dass unbefangene Gesellschafter handeln könnten, sieht der OGH[460] nicht, schließlich sind die Gesellschafter grundsätzlich nicht das zur Vertretung berufene Organ der Gesellschaft.

Gesellschafter dürfen zudem vordergründig darauf vertrauen, dass etwaige „unbefangene" (auch nur) kollektivvertretungsbefugte Geschäftsführer hinsichtlich

456 6 Ob 98/24s.
457 6 Ob 98/24s.
458 6 Ob 98/24s.
459 6 Ob 98/24s.
460 6 Ob 98/24s.

etwaiger Ansprüche wegen verbotener Einlagenrückgewähr tätig werden und dürfen dem Geschäftsführer (im Regelfall) auch vorrangig und zeitlich an erster Stelle den Versuch einer außergerichtlichen Bereinigung solcher Streitpunkte einräumen.[461]

19.4.3.2. Kein Beschluss gem § 48 GmbHG zur Geltendmachung erforderlich

Im Gegensatz zur Geltendmachung von Ersatzansprüchen gegen Geschäftsführer nach § 35 Abs 1 Z 6 GmbHG ist für die Verfolgung von Ansprüchen nach § 83 GmbHG (Rückerstattung verbotener Einlagenrückgewähr) **kein** Beschluss der Gesellschafter erforderlich.[462]

20. Sicherung des Anspruchs durch EV insb gg Geschäftsführer

Ansprüche der Gesellschaft aus dem Titel der verbotenen Einlagenrückgewähr richten sich zwar grundsätzlich gegen den Gesellschafter, der OGH judizierte aber (zunächst im Zusammenhang mit Beschlussanfechtungen nach §§ 41 ff GmbHG),[463] dass eine **Ansprüche gegen eine Gesellschaft sichernde einstweilige Verfügung** *„zur Verstärkung des Unterlassungsgebots"* **auch gegen deren Geschäftsführer gerichtet werden kann,**[464] selbst wenn dem Antragsteller gegen den Geschäftsführer ein eigener Anspruch nicht zusteht, weil die Gesellschaft ja ohnehin durch ihre Organe handelt.[465] Diesen Schutzgedanken erklärte der OGH auch dann für anwendbar, wenn der zu sichernde (Unterlassungs-)Anspruch zwar gegenüber der Gesellschaft besteht, das Unterlassungsgebot aber dadurch unterlaufen würde, dass (100%ige) Tochter- bzw Enkelunternehmen der Gesellschaft die verbotenen Handlungen und Maßnahmen setzen.[466]

Der OGH nützt diesen Gedanken auch im Zusammenhang mit Ansprüchen aufgrund verbotener Einlagenrückgewähr jedenfalls dann, wenn der Geschäftsführer der Gesellschafterin sich selbst oder nahen Angehörigen in Vertretung der Gesellschafterin Leistungen zukommen lässt, die dem Verbot der Einlagenrückgewähr unterliegen.[467]

461 6 Ob 98/24s Rz 59.

462 RS0125863 (T1, T2).

463 6 Ob 38/18h (NZ 2018/103 (*Wimmer*, 401) = GesRZ 2018, 303 *(Zimmermann)*.

464 6 Ob 71/19p ErwGr 6.2.

465 6 Ob 71/19p ErwGr 6.2.

466 6 Ob 142/19d ErwGr 3.3. unter Hinweis auf 7 Ob 2350/96f und 7 Ob 59/03g zur Sicherung von Ansprüchen aus Syndikatsverträgen nicht nur gegenüber Vertragspartnern, sondern auch gegenüber deren Töchterunternehmen.

467 6 Ob 71/19p ErwGr 6.2 mit Verweis auf 6 Ob 195/18x NZ 2019/21 (*Dejaco*, 81) = ZfS 2019, 8 *(Karollus)* = GesRZ 2019, 193 *(Kalss)* = JEV 2019, 38 (*Hügel*, 77).

21. Strafrecht und Einlagenrückgewähr

Siehe auch 18.14.7.

21.1. IdR Betrügerische Krida (156 StGB)

ME geht verbotene Einlagenrückgewähr idR zumindest mit dem objektiven Tatbestand der betrügerischen Krida (§ 156 StGB) einher. Wie in 17.3. näher ausgeführt, ist die gegen die Rückzahlungssperre in § 14 EKEG erfolgende Rückzahlung eigenkapitalersetzender Leistungen seit der Kodifizierung des EKEG streng genommen kein Fall verbotener Einlagenrückgewähr mehr (zum Eigenkapitalersatzrecht siehe auch 17.).[468] Die Parallelen sind jedoch sehr deutlich: In beiden Fällen wird gegen ausdrückliche gesetzliche Gläubigerschutzbestimmungen von einer Kapitalgesellschaft (zumindest wirtschaftlich) an einen Dritten geleistet. Auch die Nichtigkeitssanktion ist dieselbe (siehe 14.1.). Insbesondere, weil der OGH[469] judiziert, dass ein Geschäftsführer einer GmbH, der vorsätzlich gem § 14 EKEG rückzahlungsgesperrte Leistungen an den Gesellschafter erbringt, den Tatbestand der betrügerischen Krida nach §§ 156 Abs 1, 161 Abs 1 StGB verantwortet, liegt daher mE auf der Hand, dass dies auch für (vorsätzliche) verbotene Einlagenrückgewähr gilt. Dabei ist ohne Belang, ob Barvermögen oder Buchforderungen reduziert werden.[470] Für die Deliktserfüllung sind die **Vollstreckbarkeit der Gläubigeransprüche, Exekutionsverfahren, Insolvenzverfahren, Zahlungsunfähigkeit** sowie Bevorstehen oder Eintritt einer finanziellen **Krise** ebenso **irrelevant**.[471] Die Deliktsvollendung erfolgt mit der Übereignung an Dritte.[472]

21.2. Untreue

Schwieriger ist die Subsumtion verbotener Einlagenrückgewähr unter den Tatbestand Untreue (§ 153 StGB), weil die Zustimmung des „Machtgebers" (Generalversammlung) ein Tatbestandserfordernis ist.[473]

21.3. Keine Relevanz eines Freispruchs im Strafverfahren für Zivilgerichte

Der Umstand, dass ein Empfänger verbotener Einlagenrückgewähr rechtskräftig von der gegen ihn erhobenen Anklage wegen des Verbrechens der betrügerischen Krida nach § 156 Abs 1 und 2 StGB zulasten der Gläubiger der geschädigten GmbH

468 Siehe hiezu auch *Bauer/Zehetner* in *Straube*, WK GmbHG § 82 Rz 263, die deswegen § 158 und nicht 157 StGB darauf anwenden wollen.

469 RS0116824.

470 Vgl 15 Os 37/89.

471 Vgl 10 Os 194/81; 15 Os 148/10v; 11 Os 95/18g; 11 Os 118/92.

472 13 Os 29/00.

473 Siehe zB *Markus Höcher/Christopher Kahl*, Von der Untreue und Bildern im Kopf, ecolex 2017, 661; vgl *G. Schima*, Dividendenausschüttung, 184 ff; ders, RdW 2015, 348 – jeweils mwN.

freigesprochen wurde, schützt weder den Empfänger noch involvierte Rechtsanwälte (siehe 18.12.) vor der zivilrechtlichen Haftung für verbotene Einlagenrückgewähr und **bindet die Zivilgerichte** nicht.[474]

Daher ist in Zivilverfahren zu verbotener Einlagenrückgewähr zB auf die Frage der Strafbarkeit des Beklagten wegen Untreue gemäß § 153 StGB nicht abschließend einzugehen, weil sich die Haftung des Beklagten schon ohne Rückgriff auf einen Verstoß gegen die als Schutzgesetz im Sinne des § 1311 ABGB zu qualifizierende Bestimmung des § 153 StGB ergibt.[475]

21.4. Unterschlagung und Anschlussunterschlagung § 134 StGB

Aus § 134 StGB ergibt sich jedenfalls, dass der Empfänger eines ihm unberechtigt zukommenden Gutes dieses nicht einfach sich oder einem Dritten zueignen darf.[476] Der OGH ließ in einer zivilrechtlichen Entscheidung zur verbotenen Einlagenrückgewähr offen, ob das Einbehalten (bzw anschließende Weiterleiten) der Überweisung[477] als (Anschluss-)Unterschlagung im Sinne des § 134 StGB qualifiziert werden kann.[478] Es ist aber zumindest denkbar, dass sich auch zB Geschäftsführer einer Gesellschaft, die verbotene Einlagenrückgewähr aus einer anderen Gesellschaft empfängt, uU der Unterschlagung gem § 134 StGB schuldig machen können (siehe zu solchen Konstellationen auch 18.14.7.).[479]

21.5. Finanzstrafgesetz

Zur Einlagenrückgewähr im Finanzstrafgesetz (FinStrG) siehe 22.

22. Steuerrecht, verdeckte Gewinnausschüttung (FinStrG)

Verdeckte Ausschüttungen sind alle außerhalb der gesellschaftsrechtlichen Gewinnverteilung gelegenen Zuwendungen einer Körperschaft an Anteilsinhaber, die das Einkommen der Körperschaft vermindern und ihre Wurzel in der Anteilsinhaberschaft haben.[480] Verdeckte Gewinnausschüttungen setzen definitions-

474 6 Ob 26/21y Rz 79 mwN; RS0106015.

475 6 Ob 21/20m ErwGr 6.1 mit Verweis auf *Schauer*, Zivilrechtliche Verantwortlichkeit des Aufsichtsrats, in *Kalss/Kunz* (Hrsg), Handbuch des Aufsichtsrats (2010) 1041 (1092 Rz 869); *Kodek*, Zivilrechtliche Grundlagen, in *Kodek*, Untreue NEU (2017) 23.

476 6 Ob 61/21w ErwGr 3.8.

477 Zur Qualifikation unkörperlicher Sachen als „Gut“ im Sinne des § 134 StGB vgl RS0093878; aA *Salimi* in *Höpfel/Ratz*, WK-StGB[2] § 134 Rz 9.

478 6 Ob 61/21w ErwGr 3.8.

479 Siehe Überlegungen des OGH in 6 Ob 61/21w ErwGr 3.8.

480 13 Os 115/23w (13Os116.2023t) Rz 9 mit Verweis auf *Kirchmayr* in *Doralt/Kirchmayr/Mayr/Zorn*, EStG[16] § 27 Rz 39 f.

gemäß eine Vorteilszuwendung einer Körperschaft an eine Person mit Gesellschafterstellung voraus. Anmeldungs- und abgabepflichtig in Bezug auf die Kapitalertragsteuer ist hier der Schuldner der Kapitalerträge (§ 96 Abs 1 Z 1 lit a, Abs 3 erster Satz EStG iVm § 95 Abs 2 Z 1 lit a EStG), also die Kapitalgesellschaft.[481] Unmittelbarer Täter im Sinn des § 33 Abs 1 FinStrG ist insoweit daher die zu deren Vertretung berufene Person.[482]

Der steuerrechtliche Tatbestand der verdeckten Gewinnausschüttung (**§ 8 Abs 2 KStG**) weist eine große Schnittmenge mit dem unternehmensrechtlichen Tatbestand der verbotenen Einlagenrückgewähr auf. Gem § 8 Abs 2 KStG ist es für die Ermittlung des Einkommens ohne Bedeutung, ob das Einkommen (a) im Wege offener oder verdeckter Ausschüttungen verteilt oder (b) entnommen oder (c) in anderer Weise verwendet wird.

Im Gegensatz zum unternehmensrechtlichen Tatbestand der verbotenen Einlagenrückgewähr und seiner strengen Nichtigkeitssanktion (siehe 14.) **ist § 8 Abs 2 KStG keine Verbotsbestimmung** und führt nicht zur Nichtigkeit von Rechtshandlungen und Rechtsgeschäften, sondern nur zur Körperschaftsteuerpflicht.[483] Verdeckte Gewinnausschüttungen können zur Vorschreibung der KESt an die Gesellschaft per Haftungsbescheid führen.[484] Verbotene Einlagenrückgewähr (und verdeckte Gewinnausschüttung) können den umsatzsteuerlichen Eigenverbrauchstatbestand erfüllen.[485]

23. Beispiele aus der Praxis

23.1. Tragung oder Tilgung von Verbindlichkeiten eines Gesellschafters

Die Tragung von Verbindlichkeiten eines Gesellschafters durch die Gesellschaft erfüllt den Tatbestand der verbotenen Einlagenrückgewähr.[486] Dies ist zB der Fall,

481 13 Os 115/23w (13Os116.2023t) Rz 9.

482 13 Os 115/23w (13Os116.2023t) Rz 9 mit Verweis auf *Lässig* in WK^2 FinStrG § 33 Rz 32.

483 Vgl *Foglar-Deinhardstein* in *Foglar-Deinhardstein/Aburumieh/Hoffenscher-Summer* (Hrsg), GmbHG^2 (2024) zu § 82 GmbHG Rz 84 mit Verweis auf *Langheinrich/Ryda*, FJ 2011, 165 (168); *Grün*, Leitfaden verdeckte Ausschüttung^2, 3 ff, 36 ff; *Hügel* in *Kalss/Torggler*, Einlagenrückgewähr 19 (21 f); *Kras* in *Brandl/Karollus/Kirchmayr/Leitner*, HB vGA3, 379 (381, 397 ff); *T. Hayden/Thorbauer/St. Egger*, RWZ 2023, 131; vgl VwGH 6.9.2023, Ra 2021/15/0027, RdW 2023, 826 *(Zorn)*; zur Schachtelbefreiung zB VwGH 28.6.2016, 2013/13/0062, ZFS 2016, 131 *(Marschner)*.

484 Vgl *Foglar-Deinhardstein* in *Foglar-Deinhardstein/Aburumieh/Hoffenscher-Summer* (Hrsg), GmbHG^2 (2024) zu § 82 GmbHG Rz 84 mit Verweis auf: VwGH 28.5.2015, 2014/15/0046; vgl *Jetzinger*, GES 2016, 425. Zu möglichen finanzstrafrechtlichen Konsequenzen OGH 18.12.2015, 13 Os 139/15p, EvBl 2016, 422 *(Ratz)*; *Twardosz* in *Foglar-Deinhardstein*, HB vGA, Rz 4/1 ff; *Joklik-Fürst/Leopold*, ZSS 2022, 97 (101 ff).

485 *Foglar-Deinhardstein* in *Foglar-Deinhardstein/Aburumieh/Hoffenscher-Summer* (Hrsg), GmbHG^2 (2024) zu § 82 GmbHG Rz 84 mit Verweis auf *Langheinrich/Ryda*, FJ 2011, 165 (168); *Prinz* in *Foglar-Deinhardstein*, HB vGA, Rz 3/1 ff.

486 6 Ob 61/21w ErwGr 2.2; vgl 6 Ob 20/21m; 6 Ob 13/20k.

wenn der Geschäftsführer einer GmbH aus Mitteln der GmbH den Privatkredit eines Gesellschafters zurückgezahlt hat.[487]

Der OGH hat auch schon 1996 ausgesprochen, dass die Finanzierung von Privataufwendungen des Gesellschafters durch die Kapitalgesellschaft unzulässig ist.[488] Im gleichen Sinn hat der VwGH bereits im Jahr 1979 die Übernahme von Schulden des Gesellschafters durch die Gesellschaft als **verdeckte Gewinnausschüttung** (siehe 22.) qualifiziert.[489]

23.2. Bestellung von Sicherheiten für Gesellschafter

Ein Verstoß gegen das Verbot der Einlagenrückgewähr kann auch in der Bestellung von Sicherheiten für Dritte am Gesellschaftsvermögen oder an Teilen davon für Forderungen gegen Gesellschafter liegen. Die Bestellung einer Sicherheit für eine Schuld des Gesellschafters ist zulässig, wenn die Gesellschaft eine **angemessene Gegenleistung** erhält, **wie sie bei vergleichbaren Bankgeschäften** üblich ist.[490] Dabei kommt es für die Beurteilung, ob eine Kreditgewährung oder eine Sicherheitenbestellung gegen das Verbot der Einlagenrückgewähr verstößt, **nicht nur auf die konkreten Konditionen** (wie insbesondere Zinsen und Sicherheiten) an, vielmehr ist auch zu prüfen, **ob das betreffende Geschäft mit Außenstehenden überhaupt geschlossen worden wäre.**[491]

Entscheidend ist, ob ein **sorgfältig handelnder Geschäftsführer die Sicherheit auch für einen Dritten gestellt hätte.**[492]

Bei der **Prüfung der Angemessenheit der Gegenleistung für die Bestellung einer Hypothek** ist zu berücksichtigen, dass die Bestellung einer Hypothek für die Schuld eines Dritten eine so schwerwiegende Maßnahme ist, dass sie **in der Regel nur durch ein ganz ungewöhnliches Entgelt** zu einem Akt ordnungsgemäßer Geschäftsführung werden kann.[493] An die Qualität des Regressanspruchs gegenüber dem Gesellschafter bei Bestellung einer Sicherheit für einen Gesellschafterkredit durch die Gesellschaft sind **hohe Anforderungen** zu stellen; **der Regressanspruch muss einer dinglichen Sicherheit gleichkommen.**[494]

487 6 Ob 13/20k.

488 Siehe 6 Ob 13/20k mit Verweis auf 4 Ob 2328/96y.

489 VwGH 23.3.1979, 1218, 1278/78 = ÖJZ 1980, 162.

490 RS0105534.

491 6 Ob 110/12p; 6 Ob 232/16k.

492 *Nowotny* in *Kalss/Nowotny/Schauer*, Österreichisches Gesellschaftsrecht Rz 4/417 mwN; OGH 22.12.2016, 6 Ob 232/16k.

493 RS0105534 mit ausführlicher Literaturdarstellung.

494 RS0105534 (T6).

23.3. Einlagenrückgewähr ist keine schuldbefreiende Zahlung

Eine Verpflichtung zur Annahme von Zahlungen, die gegen das Verbot der Einlagenrückgewähr verstoßen, besteht gerade nicht.[495] Zahlungen, die verbotene Einlagenrückgewähr darstellen, sind **nicht schuldbefreiend**.[496]

23.4. „Gewinnvoraus", ungebundenes Vermögen, freie Rücklagen

Der Gewinn einer GmbH darf **nicht vor Feststellung des Jahresabschlusses** und dem damit verbundenen **Gewinnverteilungsbeschluss** ausgeschüttet werden; Vorauszahlungen auf künftige Gewinnansprüche sind unzulässig.[497] Selbst wenn die Leistung aus dem Bilanzgewinn oder den freien Rücklagen vorgenommen werden könnte, ist sie **verboten, wenn sie nicht ausdrücklich als Gewinnausschüttung deklariert** wird.[498] Ungebundenes Vermögen darf nicht jederzeit und regellos, sondern nur auf Grundlage eines gültigen Jahresabschlusses nach Fassung eines Gewinnverteilungsbeschlusses entnommen werden.[499]

23.5. Geschäftsführerentgelt für Gesellschafter-Geschäftsführer

In der Praxis stellt sich immer wieder die Frage, ob Entnahmen eines Gesellschafter-Geschäftsführers einer Kapitalgesellschaft, die keine Verteilung festgestellten Jahresgewinns sind, als Geschäftsführerentgelt (Gehalt oÄ) gerechtfertigt werden können oder verbotene Einlagenrückgewähr darstellen. Wegen seines gläubigerschützenden Normzwecks verbietet § 82 GmbHG auch Vermögensverschiebungen zugunsten des einzigen Gesellschafters.[500] Auch hiezu ist mE grundsätzlich auf den Fremdvergleich/Drittvergleich abzustellen (siehe 12.). Schließlich können Auszahlungen an den Gesellschafter dann zulässig sein, wenn es sich um Leistungen auf der Grundlage fremdüblicher Austauschgeschäfte handelt.[501] Das wird mE dann der Fall sein, wenn der Geschäftsführer für einen ordentlichen Geschäftsbetrieb der Gesellschaft sorgt, die Gesellschaft profitabel ist und eine vergleichbare Geschäftsführertätigkeit durch Fremdgeschäftsführer in derselben Branche gleich entlohnt wird bzw würde.

---

495 6 Ob 61/21w ErwGr 4.3.
496 6 Ob 114/17h ErwGr 7.2; vgl auch 6 Ob 207/20i.
497 RS0105518 (T13):
498 6 Ob 26/21y ErwGr 3.2 mit Verweis auf *Artmann* in *Artmann/Karollus*, AktG[6] (2018) § 52 AktG Rz 1 mwN.
499 RS0105518 (T15).
500 RS0105518 (T19).
501 6 Ob 26/21y Rz 63.

Mangels eines solchen fremdüblichen Austauschgeschäfts wäre hier mE insbesondere bei der Ein-Mann-GmbH mE eine Parallele zur Kommanditgesellschaft zu ziehen. Das Arbeitsrecht ist auf das sozietäre Rechtsverhältnis zwischen der Gesellschaft und dem Gesellschafter-Geschäftsführer nicht anzuwenden, weil er dadurch nur seinen gesellschaftsvertraglichen Rechten und Pflichten nachkommt,[502] sodass er auch nicht als arbeitnehmerähnlich zu qualifizieren ist.[503] Dasselbe muss mE insbesondere bei einer Ein-Mann-GmbH gelten, wo der Umstand der formellen Wahrnehmung der Geschäftsführerposition für sich alleine, ohne die soeben erwähnten Qualitätskriterien, mE keine Rechtfertigung für Leistungen der Gesellschaft an einen Gesellschafter-Geschäftsführer sein kann.

23.6. Überlassung von Geschäftschancen

Auch die (unentgeltliche) Überlassung von „Geschäftschancen" kann gegen das Verbot der Einlagenrückgewähr verstoßen.[504] Zumindest muss sich die Erwerbschance **soweit verdichtet haben, dass ihr ein Marktwert zukommt**.[505] Ist nicht einmal dieses Kriterium erfüllt, kann nicht von einem geschützten Vermögenswert der Gesellschaft gesprochen werden.[506] Nicht ausreichend ist hingegen der bloße Umstand, dass die Gesellschaft im Hinblick auf die Erwerbschance bereits Aufwendungen getätigt hat, die nun frustriert sind. Die verbotene Einlagenrückgewähr könnte in einem solchen Fall allenfalls in der Ersparnis dieser Aufwendungen durch den Gesellschafter liegen.[507]

23.7. Nutzungsüberlassung an Gesellschafter

Weil die Kapitalerhaltungsvorschriften nach ihrem Sinn und Zweck jede unmittelbare oder mittelbare Leistung an einen Gesellschafter erfassen, der keine gleichwertige Gegenleistung gegenübersteht und die wirtschaftlich das Vermögen der Gesellschaft verringert,[508] kann auch die **bloße Nutzung einer Wohnung**[509] oder

502 OLG Innsbruck 27.4.2023, 3 R 26/23g mwN.

503 7 Ob 732/78; 8 Ob 508/84; vgl RS0062147; *Kammel* in *Straube/Ratka/Rauter*, UGB I[4] § 164 Rz 10; OLG Innsbruck 27.4.2023, 3 R 26/23g.

504 6 Ob 71/21s mit Verweis auf *Bauer/Zehetner* in *Straube/Ratka/Rauter*, WK GmbHG (96. Lfg 2017) § 82 Rz 68; *Hügel*, Geschäftschancen und Konzernsynergien, in FS Koppensteiner (2007) 11 (24 ff); *Koppensteiner/Rüffler* in GmbHG[3] § 82 Rz 17e.

505 6 Ob 71/21s mit Verweis auf *Auer* in *Gruber/Harrer*, GmbHG[2] § 82 Rz 49; *Saurer* in *Doralt/Nowotny/Kalls*, AktG[2] § 52 Rz 79; *Hoenig/Stingl*, Geschäftschancen – Gedanken zur Reichweite des Einlagenrückgewährverbotes, GesRZ 2007, 23 (27); vgl *Artmann* in *Artmann/Karollus*, AktG I[6] § 52 Rz 17.

506 RS0105518 (T17).

507 6 Ob 71/21s mit Verweis auf *Bauer/Zehetner* in *Straube/Ratka/Rauter*, WK GmbHG (96. Lfg 2017) § 82 Rz 68; aA *Hoenig/Stingl*, Geschäftschancen – Gedanken zur Reichweite des Einlagenrückgewährverbotes, GesRZ 2007, 23 (28 f); möglicherweise auch *Artmann* in *Artmann/Karollus*, AktG I[6] § 52 Rz 17.

508 RS0105518; RS0105532.

509 6 Ob 98/24s ErwGr II.1.2.

unentgeltliche Sachüberlassung[510] an einen (mittelbaren) Gesellschafter grundsätzlich einen Verstoß gegen die Kapitalerhaltungsvorschriften darstellen. Dabei kommt es nicht darauf an, ob die Gesellschaft ansonsten hypothetisch nicht vorgehabt hätte, die Wohnung zu vermieten.[511]

23.8. Vorkaufsrecht für Gesellschafter zum Einheitswert

Die Einräumung eines Vorkaufsrechts zugunsten eines Gesellschafters an einer im Eigentum der Kapitalgesellschaft stehenden Liegenschaft, wobei als Einlösungspreis der Einheitswert vereinbart wurde, ist verbotene Einlagenrückgewähr.[512]

23.9. Unkündbarkeit eines Arbeitsverhältnisses

Auch die Vereinbarung eines unkündbaren Arbeitsverhältnisses kann verbotene Einlagenrückgewähr sein und ist auf Fremdüblichkeit zu prüfen.[513]

23.10. Unangemessene Mietzinse etc

Die Inanspruchnahme von Unternehmensvermögen oder -leistungen kann eine verbotene Einlagenrückgewähr darstellen, wenn keine entsprechende Gegenleistung erfolgt (siehe 12.). Die **unangemessen gering verrechnete Überlassung von Sachen** an den Gesellschafter kann eine verbotene Einlagenrückgewähr darstellen, zB die Überlassung einer durch die Tochtergesellschaft angemieteten Liegenschaft an die Muttergesellschaft zum „Selbstkostenpreis", weil die Muttergesellschaft die Liegenschaft aufgrund ihrer schlechten Bonität nicht anmieten hätte können.[514]

Auch die **Vereinbarung und/oder Bezahlung eines unangemessenen Mietzinses** von der Gesellschaft an einen Gesellschafter kann verbotene Einlagenrückgewähr darstellen.[515] Das gilt insbesondere auch für ein **unentgeltliches lebenslanges Wohnungsgebrauchsrecht**.[516]

23.11. Übertragung von Verbindlichkeiten auf die Gesellschaft

Wegen des Verbots der Einlagenrückgewähr können die Verbindlichkeiten der Gesellschafter nicht auf die Gesellschaft übertragen werden.[517]

510 6 Ob 195/18x ErwGr 1.1 mwN.
511 6 Ob 98/24s II.1.2; 6 Ob 206/17p.
512 Siehe OGH 17.1.2018, 6 Ob 199/17h.
513 Siehe 8 ObA 53/18d; RS0105534 (T10).
514 RS0105532 (T16); 6 Ob 232/16k ErwGr 3.1.
515 8 Ob 20/13v ErwGr 3.2; 6 Ob 72/16f.
516 6 Ob 195/18x.
517 18 ONc 1/24b Rz 28.

23.12. Übertragung von Geschäftsanteilen auf Kosten der Gesellschaft

Auch die Übertragung von Geschäftsanteilen auf Kosten der Gesellschaft ist ein Verstoß gegen das Verbot der Einlagenrückgewähr.[518]

23.13. Zielgesellschaft finanziert eigenen Ankauf

Gegen das Verbot der Einlagenrückgewähr wird auch dann verstoßen, wenn die Zielgesellschaft nicht bloß eine fremde Verbindlichkeit sichert, sondern selbst einen Kredit aufnimmt, um dem Käufer die Mittel für den Anteilserwerb zur Verfügung zu stellen.[519] Dass die Gesellschaft mit der Vorteilszuwendung an einen Gesellschafter eine (formell eigene) schuldrechtliche Verpflichtung erfüllt, kann einen Verstoß gegen das Verbot der Einlagenrückgewähr nie ausschließen.[520] Maßgebend ist, ob das Geschäft dem Fremdvergleich (siehe 12.) standhält und auch dann so geschlossen worden wäre, wenn kein Gesellschafter (oder kein einem Gesellschafter nahestehender Dritter) daraus einen Vorteil zöge.[521]

23.14. Zielgesellschaft besichert eigenen Ankauf

Eine Kapitalgesellschaft darf ihren eigenen Ankauf **nicht finanzieren, besichern oder verbilligen**. Alt- und Neugesellschafter haften zB aus dem Verbot der Einlagenrückgewähr, wenn die Zielgesellschaft ihren eigenen Ankauf besichert oder die Forderung aus Einlagenrückgewähr den Anteilskaufpreis reduziert (siehe auch 18.5.).[522]

23.15. Bonus an Geschäftsführer für erfolgreichen Gesellschaftsverkauf

Kein Fall verbotener Einlagenrückgewähr ist laut OGH[523] ein **Bonus** an einen angestellten Geschäftsführer, der kein Gesellschafter ist, **für** einen **erfolgreich abgewickelten Gesellschaftsverkauf**, weil es sich dabei auch um eine Honorierung der Mehrleistung der Geschäftsführung aus dem Mehraufwand der Gesellschaft im Zusammenhang mit ihrem Verkauf handle. Der OGH[524] begründet das damit, dass ein komplikationsloser Anteilsübergang in der Regel auch im Interesse der Gesellschaft selbst liege, weil sie häufig schon aus Reputationsgründen an einem möglichst reibungsfreien Unternehmenserwerb ohne Potenzial zu an die Öffentlichkeit gelangenden Konfliktlagen und Indiskretionen interessiert sein wird etc.

518 7 Ob 142/07v.
519 RS0105540.
520 RS0105540.
521 RS0105540.
522 6 Ob 114/17h (insb ErwGr 2.2 und 5.2 f) mit Verweis auf BGH II ZR 86/06.
523 9 ObA 69/16m.
524 9 ObA 69/16m.

Dabei sei laut OGH[525] auch die Erwägung berechtigt, dass die Gesellschaft in der Regel ein Eigeninteresse hat, bei einem Verkaufsverfahren aktiv und gestaltend mitzuwirken und über eine für die Verfolgung des Unternehmensgegenstands optimale Eigentümerstruktur, die an einem dauerhaften Engagement interessiert ist, zu verfügen. Ich halte dieses Judikat für verfehlt. Schließlich könnte mit dieser Argumentation versucht werden, die Tragung der Kosten des Verkaufs der Gesellschaft durch die Gesellschaft zu rechtfertigen, weil es immer irgendwie im Interesse der Gesellschaft ist, dass ihr etwaiger Verkauf möglichst ohne Probleme vonstattengeht. ME ist jenes Judikat nur dadurch zu „erklären", dass es in einem arbeitsgerichtlichen Verfahren ergangen ist.

23.16. Konzernfinanzierung, Cash Pooling

23.16.1. Darlehen an Gesellschafter (upstream und sidestream)

Siehe hiezu auch das Kapitel zu Cash Pooling 23.16.2.

23.16.1.1. Allgemein, Sicherheiten, Klumpenrisiko

Bei der Gewährung von Darlehen einer GmbH an einen Gesellschafter ist entscheidend, ob eine Besserstellung des Gesellschafters gegenüber anderen Vertragspartnern der Gesellschaft erfolgt und ob diese Bevorzugung aufgrund der Gesellschafterstellung erfolgt und zulasten der Gesellschaft geht. Diese Voraussetzung wird bei der Gewährung von Darlehen in der Regel zutreffen, **weil Nicht-Banken im Normalfall keinen Geldkredit begeben**. Aus diesem Grund dürfen **Darlehen nur dann ausnahmsweise an Gesellschafter** vergeben werden, wenn die Auskehr der Mittel mit der **Sorgfalt eines ordentlichen Geschäftsleiters** vereinbar ist.[526] Dabei ist auch zu berücksichtigen, dass eine Gesellschaft, die einem Gesellschafter einen Kredit gewährt, im Gegensatz zu einem Kreditinstitut auch nicht über eine entsprechende **Möglichkeit der Risikostreuung** verfügt; sie ist vielmehr – im untechnischen Sinn – mit einem „**Klumpenrisiko**" belastet.[527]

Eine **Darlehensgewährung zum Vorteil eines Gesellschafters ohne Sicherheitenbestellung**, mit der beträchtliche Mittel zulasten der Gläubiger ohne betriebliche Rechtfertigung aus der Gesellschaft abgeflossen sind, ist jedenfalls nicht mit der Sorgfalt eines ordentlichen Geschäftsleiters vereinbar und somit ein Verstoß gegen das Verbot der Einlagenrückgewähr.[528]

525 9 ObA 69/16m mit Verweis auf *Nowotny*, Bewertung der Kapitalgesellschaft: Wer trägt die Kosten? RdW 2001, 3.

526 RS0105534 (T7).

527 RS0105534 (T7).

528 6 Ob 114/17h insb ErwGr 2.1., 2.2, 2.3; RS0105534 (T7): *Bauer/Zehetner* in *Straube ea*, WK-GmbHG § 82 Rz 103; wohl noch weitergehend *Saurer* in *Doralt ea*, AktG[3] § 52 Rz 59: *„Im Wesentlichen wird sich daher die Darlehensgewährung an Aktionäre – im Verhältnis zum gesamten Risikopotential der AG – auf relativ kleine Beträge mit kurzfristiger Laufzeit, somit auf die Überbrückung kurzfristiger Liquiditätsengpässe beim Aktionär, zu beschränken haben."*

23.16.1.2. Nachträgliche Bestellung von Sicherheiten, Anfechtung etc

Auch eine **nachträgliche Bestellung von Sicherheiten** für einen zunächst unbesicherten Kredit scheidet als Argument gegen verbotene Einlagenrückgewähr aus, weil nachträgliche Bestellungen von Sicherheiten **gem § 27 ff IO sehr leicht** insbesondere wegen Inkongruenz (§ 30 IO), wegen Begünstigungsabsicht, als unentgeltliche Zuwendungen (§ 29 IO), wegen Kenntnis oder Kennenmüssen der Zahlungsunfähigkeit (§ 31 IO) sowie wegen Benachteiligungsabsicht (§ 28 IO) **angefochten werden können**. Schließlich sind anfechtbare Leistungen keine Erfüllung einer Verbindlichkeit, sondern bloße Scheinleistungen, die der Empfänger zurückweisen kann.[529] Die **Anfechtung gem § 27 ff IO** ist im Konzern besonders einfach und aussichtsreich,

a) weil eine **Wissenszurechnung über Organe** erfolgt, die auf beiden Seiten tätig sind, und
b) weil **Konzerngesellschaften** gem § 32 Abs 2 IO zur ***familia suspecta*** gehören und der anfechtende Insolvenzverwalter wegen der in § 32 IO normierten Beweislastumkehr **keine** (etwaigen) **subjektiven Tatbestandselemente beweisen** muss (bei der Inkongruenzanfechtung gem § 30 IO gibt es gar keine subjektiven Tatbestandselemente).

23.16.1.3. Kündigungsrecht bei Verschlechterung der Bonität

In der Praxis wird für die Zulässigkeit von unbesicherten Krediten einer Kapitalgesellschaft an ihre Gesellschafter insbesondere auch damit argumentiert, dass die Organe „kreditgebender" Tochtergesellschaften bei Abschluss der „Kreditverträge" deswegen *ex ante* nicht gegen den Sorgfaltsmaßstab eines ordentlichen Geschäftsleiters verstoßen hätten, weil ihre Gesellschaft das Recht gehabt hätte, die Kreditvereinbarung bei Verschlechterung der Bonität der empfangenden Gesellschafter zu kündigen. Auch das macht einen unbesicherten Kredit an einen Gesellschafter mE keinesfalls zulässig.

Erstens ist ein Sorgfaltsmaßstab *ex ante* derselbe wie *ex post.* Zweitens bringt die Möglichkeit, den „Kreditvertrag" bei Verschlechterung der Bonität der empfangenden Gesellschafter zu kündigen, nichts, weil im Ernstfall nichts mehr da ist, womit die Rückzahlung zB im Exekutionsweg erzwungen werden könnte. Schließlich ist ein Kündigungsrecht nichts anderes als die Möglichkeit, das Geld zu fordern und die Forderung einzuklagen. In Österreich kann jeder Prozess über mehrere Jahre in die Länge gezogen werden. Eine zur Kündigung veranlassende Bonitätsverschlechterung kann sich in jener Zeit zur handfesten Insolvenz entwickeln. Insbesondere deswegen ist mE klar, dass ein solches Kündigungsrecht keine Sicherheit ersetzen kann.

---

529 Vgl RS0107954.

Zudem sind auch Pfändungspfandrechte oftmals leicht, zB als inkongruente Deckungen gem § 31 Abs 1 IO, anfechtbar (siehe auch 23.16.1.2.).

23.16.2. Cash Pooling

Cash Pooling ist ein Sonderfall des Kredits an einen Gesellschafter, daher ist hiezu auch das oben in 23.16.1. Gesagte zu beachten.

23.16.2.1. Allgemeines („Cash Pulling")

Als ich vor 25 Jahren das erste Mal den Begriff „Cash Pooling" hörte, dachte ich, es hieße „Cash *Pull*ing". Tatsächlich scheint letztgenannter Begriff mE treffender, um die Praxis der damit bezeichneten Vorgänge zu beschreiben.

„Cash Pooling" bezeichnet eine Form der Konzernfinanzierung, welche der „*Optimierung des Liquiditätsmanagements*" in Konzernen dienen soll. Die hinter allen Arten des Cash Pooling stehende Idee ist es, innerhalb eines Konzerns Synergieeffekte zu nutzen, anstatt zuzusehen, wie eine Gesellschaft, die profitabel ist („Cash Cow"), wenig Zinsen für ihre Bankguthaben erhält oder sogar – je nach Wirtschaftslage und Land – Negativzinsen bezahlen muss, während andere Gesellschaften, die akuten Bedarf an Fremdmitteln haben, hohe Zinsen für Kredite bezahlen müssen, obwohl anderswo im Konzern Geld vorhanden ist. Je nach Ausgestaltung als

a) „fiktives Cash Pooling" (Zinskompensation, siehe 23.16.2.3.) oder

b) „effektives Cash Pooling" (laufende wechselseitige Kontokorrentkredite etc 23.16.2.4.)

ist Cash Pooling nur eingeschränkt bis keinesfalls mit den Kapitalerhaltungsvorschriften des österreichischen Kapitalgesellschaftsrechts vereinbar.

23.16.2.2. Cash Pooling ist nie fremdüblich

Cash Pooling, egal ob fiktiv oder effektiv, ist nie fremdüblich.[530] Das liegt in der Natur der Sache, schließlich würde niemand mit gänzlich fremden Unternehmen einen Cash Pool betreiben. Zudem ist zu bedenken, dass innerhalb einer Gruppe verbundener Unternehmen wegen des abgeschwächten Interessengegensatzes (vor allem bei Fehlen von Minderheitsgesellschaftern) die Gefahr einer nicht drittvergleichsfähigen Transaktion größer ist.[531]

23.16.2.3. Fiktives Cash Pooling

Als „fiktives Cash Pooling" (auch „Zinskompensation" oder „Notional Pooling") bezeichnet man konzerninterne Gestaltungen zur **Zinsoptimierung**, bei denen

530 Vgl 17 Ob 5/19p ErwGr 2.3.

531 6 Ob 207/20i ErwGr 5.2 mit Verweis auf *Hügel*, Verschmelzung und Einbringung (1993) 61 ff; *Chr. Nowotny*, Ausschüttungssperre bei Kapitalgesellschaften – § 235 Abs 1 UGB neu, in FS Hügel (2016) 283 (291).

die täglichen Valutasalden der beteiligten Pool-Konten der einzelnen Konzerngesellschaften im Zuge der Zinsabrechnung (täglich oder sonst periodisch) saldiert (kompensiert) werden und die Berechnung der Zinsen auf Grundlage des kompensierten Gesamtsaldos erfolgt.

Beim fiktiven Cash Pooling erfolgen keinerlei Kapitalbewegungen zwischen den Konten. Die beteiligten Konten der teilnehmenden Konzerngesellschaften werden im Zuge der Fiktion eines Gesamtvermögens **lediglich rein rechnerisch** für die Berechnung gemeinsamer Zinsenkonditionen zusammengefasst. Weil dabei keine Gelder zwischen Konzernunternehmen fließen und auch – bis auf etwaige Zinsenansprüche – keine Darlehen zwischen den Konzerngesellschaften gewährt werden, birgt das fiktive Cash Pooling idR **kein existenzgefährdendes** oder auf sonstige Weise wesentliches **Bonitäts- und Haftungsrisiko** in sich.

In Hinblick auf verbotene Einlagenrückgewähr ist fiktives Cash Pooling zwar nicht gänzlich unproblematisch, aber keinesfalls derart extrem problematisch, wie es das im Folgenden dargestellte effektive Cash Pooling ist (siehe 23.16.2.4.).

Je nach Vertragsgestaltung könnte fiktives Cash Pooling aufgrund des überschaubaren Risikos und möglicher Vorteile auch für positiv wirtschaftende teilnehmende Gesellschaften betrieblich gerechtfertigt und damit zulässig sein.

23.16.2.4. Effektives Cash Pooling

Effektives Cash Pooling lässt sich zB anhand folgender Grafik veranschaulichen:

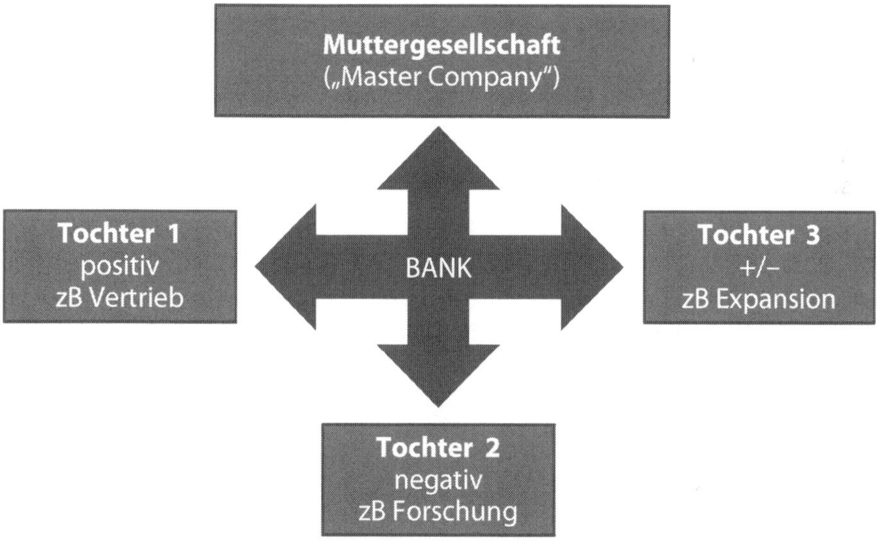

Abb 1: Effektives Cash-Pooling

Beim effektiven Cash Pooling werden die Salden der einzelnen Bankkonten der eingebundenen Konzerngesellschaften tatsächlich auf ein Konto, das „Master Account", bei einer teilnehmenden Gesellschaft („Master Company") zusammengezogen und dort effektiv saldiert. **Guthaben** teilnehmender Konzerngesellschaften werden auf das Master Account überwiesen und **verlassen so den Verfügungsbereich der überweisenden Gesellschaft**, die im Gegenzug **nur eine Forderung** gegen den Träger des Master Accounts, die Master Company, **erhält**. Jene Forderung gegen die Master Company (den Cash Pool) ist in der Praxis idR unbesichert bzw nicht werthaltig besichert. Negative Kontostände teilnehmender Konzerngesellschaften werden ebenfalls durch entsprechende Überweisungen auf null gestellt, sodass am Ende jedes Banktages alle teilnehmenden Konzerngesellschaften einen Bankkontostand von null haben und sich die gesamte saldierte Liquidität der teilnehmenden Konzerngesellschaften auf dem Master Account der Master Company befindet.

Mit Ausnahme der Master Company geben somit alle an einem effektiven Cash Pooling teilnehmenden Gesellschaften die **Hoheit über ihre Bankkonten** und ihre gesamte Liquidität auf bzw an die Master Company ab (wenn das denn zulässig und nicht als eindeutiger Verstoß gegen das Verbot der Einlagenrückgewähr nichtig wäre, siehe unten). Das ist natürlich besonders für profitable Kapitalgesellschaften kritisch, deren Bankguthaben täglich automatisch an die Master Company überwiesen werden. Sie werden völlig von anderen Konzerngesellschaften, insbesondere der Master Company, abhängig, man könnte auch sagen: **Sie werden in wichtigsten Bereichen fremdverwaltet** und die Master Company sowie die für die Master Company handelnden Personen werden mE zu **faktischen Geschäftsführern der teilnehmenden Konzerngesellschaften**.

In zivilrechtlicher Sicht ändert das Vorliegen eines Konzernverhältnisses nichts an den Grundsätzen der Kapitalerhaltung. Vielmehr **besteht der Konzern aus rechtlich selbständigen Gesellschaften**, sodass eine präzise Zuordnung des jeweiligen Haftungsvermögens erforderlich ist.[532]

Wenn eine (österreichische) Kapitalgesellschaft an einem effektiven Cash Pool teilnimmt, kann das in Hinblick auf das Verbot der Einlagenrückgewähr nur dann zulässig sein, wenn für den Anspruch der Gesellschaft gegen den Cash Pool **werthaltige Sicherheiten** bestellt wurden, **die auch jederzeit** zur Rückholung des Guthabens aus dem Cash Pool **herangezogen werden können,** und zwar auch dann, wenn der Konzern oder der Cash Pool wirtschaftlich straucheln.[533]

Ein effektives Cash Pooling ohne solche Sicherheiten wäre der **Lehrbuchfall eines unbesicherten Upstream-Darlehens**, das in aller Regel einen Fall verbotener Einlagenrückgewähr darstellt und nichtig ist (siehe 23.16.1. f). Da solche Sicherheiten

532 6 Ob 21/20m ErwGr 6.3.
533 Vgl 6 Ob 114/17h ErwGr 2.2 und RS0105534 (T6).

in der Regel mehr kosten, als der Cash Pool an Zinsen und Finanzierungsvorteilen bringt, **ist effektives Cash Pooling in Österreich mE**

a) **entweder (wegen des Aufwands für die notwendigen Sicherheiten) wirtschaftlich sinnlos oder**
b) **(als verbotene Einlagenrückgewähr) illegal und nichtig**, und zwar mit allen Haftungskonsequenzen für Gesellschafterinnen, sonstige Konzerngesellschaften, die Konzernmanager, Geschäftsführer der entreicherten Gesellschaft und uU auch Dritte wie die Pool-Bank (siehe 18.14.3.) und mit möglichen strafrechtlichen Konsequenzen insbesondere wegen betrügerischer Krida (siehe 21.), auch für Beitragstäter, insbesondere Bestimmungstäter (§ 12 StGB), wovon mE die beteiligten Manager auch der Konzerngesellschaften erfasst sind (siehe 18.14.7.).

Schließlich kann effektives Cash Pooling mE nur dann zulässig sein, wenn für die Forderungen der Gesellschaft an ihre Gesellschafter oder Schwesterngesellschaften etc **werthaltige und insbesondere nicht anfechtbare Sicherheiten** bestellt werden. Solche Sicherheiten sind teuer, weil sie entweder direkt Geld kosten (zB Bankgarantien) oder hohe Opportunitätskosten verursachen, wie Pfandliegenschaften, die nicht anderweitig genutzt bzw belastet werden können. Jene Kosten wiegen in aller Regel den Vorteil aus dem Cash Pooling auf und werden daher in der Praxis gescheut. Daher ist effektives Cash Pooling mE wie gesagt entweder wirtschaftlich sinnlos oder illegal.

23.16.2.5. Rechtsprechung des OGH und effektives Cash Pooling

Es gibt zwar, soweit ersichtlich, noch keine explizite Rechtsprechung des OGH zu effektivem Cash Pooling. Allerdings gibt es bereits seit Langem Judikate des OGH, aus denen mE die Unzulässigkeit auch und besonders des effektiven Cash Poolings ersichtlich ist.

So judiziert der OGH, dass der **Abfluss von Vermögen unter Einfluss eines „Dominus“** auf alle Beteiligten ein **„hoch verdächtiger“ Fall** ist.[534] Effektives Cash Pooling ist genau das.

ME gibt es auch keine begründeten Zweifel an der rechtlichen Beurteilung des effektiven Cash Poolings insbesondere in Hinblick auf verbotene Einlagenrückgewähr. Schließlich ist ein nicht werthaltig besicherter Cash Pool nichts anderes als eine (unmittelbare oder mittelbare) **existenzgefährdende Kreditgewährung an Gesellschafter**, die **jedenfalls unzulässig** ist.[535]

23.16.2.6. Rechtsprechung des OGH zu fiktivem Cash Pooling

Der OGH prüfte bereits die von einem Insolvenzverwalter eingeklagte Haftung der Bank für den Schaden der Insolvenzschuldnerin aus einem **lediglich fiktiven Cash Pooling**, das insbesondere folgende Eigenschaften aufwies:

---

534 Vgl 6 Ob 29/11z; 7 Ob 35/10p; 6 Ob 48/17b.

535 6 Ob 271/05d ErwGr 6; *Koppensteiner/Rüffler*, GmbHG^3 § 82 Rz 17b.

a) „kein tatsächlicher Liquiditätstransfer"

b) „Ein automatischer Saldenausgleich („Sweeping") mit ihrem Teilnehmerkonto fand nicht statt."

c) „Gegenüber der Beklagten [Bank] konnte die Schuldnerin frei entscheiden, welchen Betrag sie auf dem Teilnehmerkonto und welchen sie auf dem lokalen Konto beließ."[536]

Wie die Vorinstanzen judizierte der OGH gegen die Haftung der in jenem Fall niederländischen Bank und ließ dabei die Fragen des in jenem internationalen Fall anzuwendenden Rechts (siehe 24.) letztlich offen, weil die Klage bereits nach österreichischem Recht abzuweisen war und der Kläger ein für ihn günstigeres Ergebnis bei der Anwendung niederländischen Rechts nicht behauptet hatte.[537]

Jener hinsichtlich des eigentlichen Entscheidungsgegenstands eingeschränkten Entscheidung[538] zur Haftung der Bank bei fiktivem Cash Pooling sind einige relevante allgemeine Ausführungen zur Beurteilung von Cash-Pooling-Systemen zu entnehmen. Der OGH judizierte darin, dass bereits beim fiktiven Cash Pooling der **Drittvergleich** zur Frage der Beurteilung des Vorliegens verbotener Einlagenrückgewähr **nicht relevant ist**, weil mit Konzernfremden kein Cash Pooling vereinbart wird. **Cash Pooling, egal ob fiktiv oder effektiv, ist nie fremdüblich**.

Weiters sprach der OGH darin aus, dass **auch** die konkrete Vertragsgestaltung als **fiktives Cash Pooling Bedenken an ihrer Zulässigkeit aus kapitalerhaltungsrechtlicher Sicht** erweckte, die (Un-)Zulässigkeit an sich aber nicht abschließend geklärt werden musste, weil nur die Haftung der Bank (und Anfechtungsansprüche) klagsgegenständlich waren. Zudem sind jener Entscheidung[539] folgende für weitere zur Beurteilung von Cash Pooling Systemen relevante allgemeine Ausführungen zu entnehmen (Hervorhebungen hinzugefügt):

17 Ob 5/19p

2.2 Explizite Rechtsprechung des Obersten Gerichtshofs zum Cash Pooling aus kapitalerhaltungsrechtlicher Sicht fehlt. Es liegt jedoch nahe, **die allgemeinen kapitalerhaltungsrechtlichen Grundsätze für konzerninterne Darlehen bzw Sicherheitenbestellungen heranzuziehen** (*Obradovi/Wietrzyk* in *Haberer/Krejci*, Konzernrecht [Stand 1.7.2016, rdb.at] Kap 12.94; *Auer* in *Gruber/Harrer*, GmbHG² [2018] § 82 Rz 59).

2.3 Der von den Vorinstanzen für maßgeblich erachtete **Fremdvergleich** wird allerdings betreffend das hier unstrittig vorliegende fiktive Cash Pooling **kein entscheidendes Kriterium** sein, weil **derartige Vereinbarungen mit Konzernfremden wohl kaum geschlossen** werden (*Obradovi/Wietrzyk* in *Haberer/Krejci*, Konzernrecht Kap 12.96 mwN).

536 17 Ob 5/19p.
537 Vgl 17 Ob 5/19p ErwGr 1; siehe auch 6 Ob 145/17t.
538 17 Ob 5/19p.
539 17 Ob 5/19p.

2.4 **Im Vordergrund der Prüfung wird daher zu stehen haben, ob die Vereinbarung betrieblich gerechtfertigt ist** (vgl 6 Ob 271/05d; 3 Ob 50/13v). In der Literatur wird betont, dass fiktives Cash Pooling zwar aus kapitalerhaltungsrechtlicher Sicht weniger problematisch als effektives Cash Pooling sei (*Foglar-Deinhardstein* in *Foglar-Deinhardstein/Abrumieh/Hoffenscher-Summer*, GmbHG § 82 Rz 133 mwN; *Koppensteiner/Rüffler*, GmbH-Gesetz[3] [2007] § 82 Rz 17c), dass aber unter bestimmten Umständen **trotz fehlenden Zahlungszuflusses, etwa wegen nachteiliger (Zins-)Konditionen, ein Verstoß gegen § 82 GmbHG vorliegen könne** (*Bauer/Zehetner* in *Straube/Ratka/Rauter*, WK GmbHG § 82 Rz 94 mwN).

2.5 **Problematisch ist aber jedenfalls die Übernahme eines Ausfallsrisikos.** Ein derartiges Risiko hat die Schuldnerin hier dadurch übernommen, dass sie als Sicherheit für die Zahlung der Verbindlichkeiten (sämtlicher Teilnehmer) ihre gegenwärtigen und künftigen Forderungen an die Beklagte verpfändete, die aus oder im Zusammenhang mit den Konten entstehen.

2.6 In der Entscheidung 6 Ob 271/05d hatte der Oberste Gerichtshof zu beurteilen, ob die Sicherheitsleistung einer Gesellschaft, die ein Strickwarenunternehmen betrieb, zugunsten ihres Minderheitengesellschafters als verbotene Einlagenrückgewähr zu qualifizieren ist. Der Oberste Gerichtshof verneinte diese Frage unter Hinweis auf die im konkreten Fall festgestellte enge wirtschaftliche Zusammenarbeit: Die Gesellschaft konnte ihren nach Auftragslage schwankenden Bedarf an Schneide- und Näharbeiten beim Gesellschafter abrufen. Dazu war es erforderlich, dass der Gesellschafter seine Fachkräfte auch bei schlechter Auftragslage nicht abbaute, um den Bedürfnissen der Gesellschaft jederzeit nachkommen zu können. Mit dem bloßen Hinweis auf das Risiko der Haftungsübernahme für die Gesellschaft im Insolvenzfall (des Gesellschafters) könne nicht entkräftet werden, dass die einer Zusammenarbeit von Unternehmen im Konzern ähnelnde Zusammenarbeit von Gesellschaft und Gesellschafter für erstere von hohem wirtschaftlichem Wert gewesen sei. Lediglich dann, wenn in der Haftungsübernahme ein besonderes, allenfalls existenzbedrohendes Risiko gelegen wäre, hätte ein gewissenhafter Geschäftsführer auf getrennter Finanzwirtschaft bestanden.

2.7 In der Literatur wird dazu die Auffassung vertreten, der Fachsenat des Obersten Gerichtshofs habe mit dieser Entscheidung den Sorgfaltsmaßstab gegenüber der Entscheidung 4 Ob 2078/96h („Fehringer“) darauf reduziert, dass bei Übernahme eines Ausfallsrisikos ein Verstoß gegen § 82 GmbHG nur anzunehmen sei, wenn die Gesellschaft den Haftungsfall als „geradezu wahrscheinlich“ einschätzen müsse. Die betriebliche Rechtfertigung könne nicht bereits mit dem bloßen Hinweis auf das potentielle Risiko im Insolvenzfall entkräftet werden (*Bauer/Zehetner* in *Straube/Ratka/Rauter*, WK GmbHG § 82 Rz 94; *Artmann*, JBl 2006, 391 [EAnm]; *Karollus*, ÖBA 2006/1337, 295 ff [EAnm]; vgl auch *Koppensteiner/Rüffler*, GmbH-Gesetz[3] [2007] § 82 Rz 17b, die die Auffassung des OGH als „tendenziell großzügiger“ als die eigene Meinung qualifizieren).

2.8 Folgende Bedenken bestehen gegen die Zulässigkeit der konkreten Vertragsgestaltung aus kapitalerhaltungsrechtlicher Sicht:

a) Die Schuldnerin war im Innenverhältnis an die **Weisung der Muttergesellschaft gebunden, den Liquiditätsüberschuss dem Cash Pool zur Verfügung zu stellen**. Die ihr im Cash Pooling Vertrag eingeräumte Möglichkeit, Beträge vom Teilnehmerkonto zu entnehmen bzw auf ein lokales Konto umzubuchen, wurde dadurch unterlaufen. Sie besicherte somit mit ihrem Guthaben, über das sie nur nach Weisung der Muttergesellschaft verfügen durfte, in Wahrheit den Gesamtsaldo. Das ist nach einigen Literaturmeinungen jedenfalls unzulässig (vgl *Foglar-Deinhardstein* in *Foglar-Deinhardstein/Abrumieh/Hoffenscher-Summer*, GmbHG § 82 Rz 133 mwN).

b) Es fehlen konkrete Feststellungen über die wirtschaftliche Situation der Muttergesellschaft und der anderen Poolgesellschaften, die beurteilen lassen, ob die mit der Haftungsübernahme verbundenen Gefahren schon bei Vertragsabschluss von der Schuldnerin als existenzbedrohendes Risiko einzuschätzen gewesen wären. Allerdings fehlen ebenso konkrete Anhaltspunkte für das Vorliegen eines derartigen Risikos.
c) Ungeklärt blieb auch, ob und welche Einsichts- und Informationsrechte der Schuldnerin in die Konzerngesellschaften zustand (vgl *Obradovi/Wietrzyk* in *Haberer/Krejci*, Konzernrecht Kap 12.100) und ob ihr – im Verhältnis zur Muttergesellschaft – die im Vertrag an sich eingeräumte Kündigungsmöglichkeit aufgrund interner Weisung entzogen wurde. Letzteres ist nach den Feststellungen allerdings naheliegend.
d) Auf der anderen Seite darf nicht außer Acht gelassen werden, dass die Schuldnerin in den beiden ersten Jahren ab ihrer Teilnahme am Cash Pool ihre Liquidität entscheidend verbesserte und erst ab Juni 2014 ihre überschüssigen Mittel rechnerisch dem Pool zur Verfügung stellte. Inwiefern sie dafür eine Gegenleistung erhielt, ist nicht geklärt.
[...]
3.3 Im hier zu beurteilenden Fall musste sich der Beklagten hingegen ein derartiger Verdacht nicht aufdrängen: Dabei ist zunächst zu berücksichtigen, dass bei Cash Pooling – anders als etwa bei einer Sicherheitenbestellung zur Finanzierung des Anteilskaufs – für die Bank eine betriebliche Rechtfertigung naheliegt, jedenfalls aber nicht auszuschließen ist. Ferner ist zu berücksichtigen, dass Rechtsprechung des Obersten Gerichtshofs zum Cash Pooling fehlt und weder in der Rechtsprechung noch in der Literatur die generelle Unzulässigkeit einer Sicherheitenbestellung des Gesellschafters für die Gesellschaft vertreten wird.
3.4 Ganz wesentlich ist im konkreten Fall, dass nach den den Obersten Gerichtshof bindenden Feststellungen der Vorinstanzen nicht feststeht, dass die Beklagte Kenntnis von den internen Vereinbarungen zwischen der Schuldnerin und der Muttergesellschaft hatte. Sie konnte daher davon ausgehen, dass die Schuldnerin den Vertrag jederzeit kündigen und auch selbst entscheiden konnte, mit welchem Betrag sie am Cash Pool teilnimmt und sich damit dem Verlustrisiko unterwirft, zumal keine automatische Verrechnung der Konten erfolgte. Die Schuldnerin war gegenüber der Beklagten auch nicht verpflichtet, Guthaben am Konto zu belassen.
3.5 Auch wenn der Cash Pooling Vertrag in Verbindung mit den internen Absprachen der Schuldnerin mit der Muttergesellschaft den österreichischen Kapitalerhaltungsvorschriften widersprechen sollte, ist er der Beklagten [Anm: niederländische Bank] gegenüber daher mangels sich „aufdrängenden Verdachts" auch unter Zugrundelegung österreichischen Rechts wirksam. Es bedarf daher keiner Auseinandersetzung damit, ob wegen des engen Zusammenhangs dieser Frage mit den österreichischen Kapitalerhaltungsvorschriften österreichisches Recht auf das Verhältnis zwischen der Schuldnerin und der Beklagten anzuwenden ist.

23.16.2.7. Die sorglose Praxis, „informelles Cash-Pooling" ohne Verträge

In der Praxis wird all das bislang in 23.16.2. f Dargelegte oft ungeachtet der Begleitung durch Steuerberater, Rechtsanwälte und Wirtschaftsprüfer ignoriert oder bis ins Groteske verzerrt. Dahinter steht nach meiner eigenen Erfahrung, dass österreichische Kanzleien drohen, lukrative Konzernmandate (Dauermandate) zu verlieren, wenn sie in Bezug auf das Verbot der Einlagenrückgewähr ehrlich und gewissenhaft beraten (würden). Der Konzern sucht sich dann einfach eine andere Kanzlei, die nicht entsprechend gewissenhaft vorgeht und mit Scheuklappen arbeitet. Das ist mit Alkohol am Steuer vergleichbar. Ob damit grobe Fahrlässigkeit („*Es wird schon nichts passieren*“) oder bedingter Vorsatz („*Und wenn etwas passiert, ist es mir auch egal*“) einhergeht, wird im Einzelfall zu prüfen sein.

Manche Konzerninsolvenzen der letzten Jahre zeigen, dass das Missachten der Kapitalerhaltungsregeln auch zum Geschäftsmodell werden kann, das lange vorhersehbar zwangsläufig im Konkurs enden muss. Das ungenierte Verschieben der Liquidität der Tochtergesellschaften in die Obergesellschaften ohne jedwede Sicherheit und oft sogar ohne den Versuch einer vertraglichen Grundlage (manchmal werden [nichtige] „Verträge“ erst Monate später „gemacht“) wird in der sorglosen Praxis zuweilen als „informelles Cash Pooling“ bezeichnet. Dabei ist schon diese Wortkreation bezeichnend. Schließlich bedeutet dies nichts anderes als Cash Pooling ohne vertragliche Grundlage, und das bedeutet mE nichts anderes als verbotene Einlagenrückgewähr.

Schließlich ist Cash Pooling mE ohne vertragliche Grundlage (und ohne werthaltige Sicherheiten etc) jedenfalls unzulässig. Der etwaige Versuch, zur unbesicherten Verschiebung von Vermögen an Gesellschafter erst nachträglich eine passende Dokumentation zu schaffen, kann nichts sanieren, weil das „Geschäft“ bereits *ex tunc* absolut nichtig war (siehe 14.9.2.).

Bei der Kreditgewährung an einen Gesellschafter (auch sidestream) muss der **Zinssatz** stets dem Risiko, das der Gesellschaft aus der Kreditvergabe entsteht, angemessen sein.[540] Doch ein angemessener Zinssatz reicht keinesfalls aus: Das Darlehen darf **mE nur gegen eine werthaltige Sicherheit** von **unter Dritten/Fremden marktüblicher Qualität** gewährt werden. **An Gesellschafter und Konzernobergesellschaften dürfen Darlehen grundsätzlich nur besichert vergeben werden**, insbesondere weil die meisten Gesellschaften als Nicht-Banken keine entsprechende Erfahrung und kein Know-how für die Beurteilung der Kreditwürdigkeit haben.[541] Marktübliche Zinsen alleine sind keine Rechtfertigung.[542] Existenzgefährdende Kreditgewährung einer Kapitalgesellschaft, insbesondere wenn sie auch nur mittelbar einem Gesellschafter zugutekommt, ist nie zulässig.[543] Das ist vor allem beim effektiven Cash Pooling (siehe 23.16.2.4.) relevant. Schließlich kann es mE nur existenzgefährdend sein, die ganze Liquidität einer Kapitalgesellschaft laufend unbesichert an einen Konzern zu überweisen, der Geld braucht und dafür keine werthaltigen Sicherheiten bestellt.

---

540 6 Ob 232/16k mit Verweis auf *Nowotny* in *Kalss/Nowotny/Schauer*, Österreichisches Gesellschaftsrecht Rz 4/417 mwN.

541 6 Ob 114/17h insb ErwGr 2.1., 2.2, 2.3; RS0105534 (T7): *Bauer/Zehetner* in *Straube ua*, WK-GmbHG § 82 Rz 103; wohl noch weitergehend *Saurer* in *Doralt ua*, AktG³ § 52 Rz 59: „*Im Wesentlichen wird sich daher die Darlehensgewährung an Aktionäre – im Verhältnis zum gesamten Risikopotential der AG – auf relativ kleine Beträge mit kurzfristiger Laufzeit, somit auf die Überbrückung kurzfristiger Liquiditätsengpässe beim Aktionär, zu beschränken haben.*“

542 RS0105540.

543 6 Ob 271/05d; *Koppensteiner/Rüffler*, GmbHG³ § 82 Rz 17b.

23.16.2.8. „Clean-ups"

In der Praxis wird auch, mE vergeblich, versucht, Einlagenrückgewähr im Konzern iZm Cash Pooling durch sogenannte Clean-ups zu sanieren (siehe auch 14.9.). Unter „Clean-ups" werden nachträgliche „Bereinigungsarbeiten" im Zuge des Bilanzierungsprozesses verstanden. Zweck solcher Clean-ups ist die Verkürzung der Bilanzsummen der jeweiligen Gesellschaften, indem

a) **„Aufrechnungen"** zwischen bestehenden **„Forderungen"** und **„Verbindlichkeiten"** vorgenommen wurden. Zu diesem Zweck
b) **werden in der Praxis auch *nachträglich* Kreditverträge erstellt,**
c) Gesellschaften verschmolzen
d) oder Transaktionen „nachgebildet" .

Freilich sind auch solche Clean-ups unzulässig und nichtig. Schließlich

a) kann gegen Forderungen aus verbotener Einlagenrückgewähr nicht aufgerechnet werden (siehe 14.9.4.) und
b) sind zB Darlehen von Muttergesellschaften an Tochtergesellschaften, die tatsächlich in der Krise iSd EKEG sind, insbesondere gem **§ 14 EKEG** nicht rückforderbar, sodass auch Aufrechnungen mit solchen Darlehensforderungen von Muttergesellschaften gegen andere Forderungen der Tochtergesellschaften verbotene Einlagenrückgewähr darstellen und unzulässig und nichtig sind, und
c) kann verbotene **Einlagenrückgewähr nicht nachträglich heilen** (siehe 14.9.2.), sodass
d) **selbst der Neuabschluss des Rechtsgeschäfts nichts an der Nichtigkeit** des früheren Geschäfts **ändert** (siehe 14.9.2., 14.9.9.), und
e) **kann die GmbH über** die zwingenden Rechtsfolgen des Verbots der **Einlagenrückgewähr nicht disponieren** (§ 83 Abs 4 GmbHG) und
f) ist zB auch die **Abtretung des Erstattungsanspruchs** (zB an Gesellschafter) **unzulässig**, wenn sie zur Erlöschung des Erstattungsanspruchs durch **Konfusion** führt (14.19.14 ff).

23.16.2.9. „Sanity Checks"

In der Praxis wird durch sogenannte Sanity Checks versucht, verbotene Einlagenrückgewähr zu verschleiern bzw den entsprechenden Vorgängen den Anschein der Zulässigkeit zu geben. Dabei werden nachträgliche und wiederholte Bonitätsprüfungen der empfangenden Gesellschafterinnen beschrieben, die dazu führen oder suggerieren sollen, dass eine rechtliche Beurteilung des Gesamtsachverhalts ergäbe, dass die unbesicherte oder nicht ausreichend besicherte „Darlehensgewährung" an Gesellschafterinnen zulässig wäre.

Dabei wird übersehen – oder verschleiert –, dass **der einzig relevante Zeitpunkt** für die Beurteilung, ob ein Vorgang gegen das Verbot der Einlagenrückgewähr verstößt, der **Zeitpunkt des Vermögensabflusses**, bzw – falls davor ein etwaiger Vertrag abgeschlossen wird – der Zeitpunkt des Vertragsabschlusses ist. Schließlich ist bei der Prüfung, ob ein drittvergleichsfähiges Geschäft vorliegt, nach der hA auf den Zeitpunkt des Vertragsabschlusses abzustellen.[544] Eine andere Sichtweise ist mE im Sinne *Georg Kodeks* nicht vertretbar,[545] schließlich kann verbotene Einlagenrückgewähr mE auch nicht heilen (siehe 14.9.2.).

Bei durch mehrere Obergesellschaften „durchgereichten" Darlehen (hiezu siehe 18.6.) wird in der Praxis damit argumentiert, dass der Rückzahlungsanspruch gegen die nähere Obergesellschaft (Muttergesellschaft) durch den Rückzahlungsanspruch gegen die entferntere Obergesellschaft (Großmuttergesellschaft) und deren idR lediglich behauptete Bonität „besichert" sei. Auch das ist verfehlt, wenn es hier keine dingliche oder sonstige Verbindung gibt, die tatsächlich die Qualität einer Sicherheit hätte und eine solche Sicherheit nicht auch werthaltig wäre.

23.16.2.10.Haftung der Bank für effektives Cash Pooling

Effektives Cash Pooling ist ein Produkt einer Bank. Ein Vertragswerk zu effektivem Cash Pooling, das nicht alle Verdachtsmomente zum laut OGH[546] „hochverdächtigen Fall" des Abflusses von Vermögen unter Einfluss eines „Dominus" auf alle Beteiligten enthält, ist (zumindest für mich) nicht vorstellbar. Es liegt daher mE auf der Hand, dass sich zumindest einer inländischen Bank, die einen effektiven Cash Pool österreichischer Kapitalgesellschaften als Produkt anbietet, organisiert und betreibt, der Verdacht des Verstoßes eines **effektiven** Cash Pools gegen das Verbot der Einlagenrückgewähr iSd Rsp des OGH[547] „geradezu aufdrängen" muss. Das Judikat des OGH zum fiktiven Cash Pooling iZm einer niederländischen Bank[548] steht dazu mE nicht in Widerspruch.

Schließlich haben alle am effektiven Cash Pool teilnehmenden Gesellschaften Konten bei der Pool-Bank. Die Bank weiß daher nicht nur aufgrund der dem effektiven Cash Pool zugrunde liegenden Verträge und Produkte, sondern auch aufgrund der täglichen Geldbewegungen vom **täglichen Vermögensabfluss** profitabler Kapitalgesellschaften in den effektiven Cash Pool.

544 *Alexander Schopper*, Heilung von Verstößen gegen das Verbot der Einlagenrückgewähr, ecolex 2019, 736 (739 f) mit Verweis auf 6 Ob 132/10w; *Kalss*, Kredite und Sicherheiten im Lichte der Einlagenrückgewähr, in *Konecny*, Insolvenz-Forum 2015, 125 (128); *Köppl* in *U. Torggler*, GmbHG § 82 Rz 18; *H. Foglar-Deinhardstein* in FAH, GmbHG § 82 Rz 98.

545 „Im Übrigen ist nicht alles schon deshalb vertretbar, weil es einmal in der Literatur vertreten wurde", *G. Kodek* in *Rummel/Lukas*, ABGB⁴ [2015] § 2 Rz 22.

546 Vgl OGH 29.3.2017, 6 Ob 48/17b; OGH 14.9.2011, 6 Ob 29/11z; 29.9.2010, 7 Ob 35/10p.

547 6 Ob 232/16k; RS0105536 (T2, T4); RS0105537; *Nowotny* in *Kalss/Nowotny/Schauer*, Österreichisches Gesellschaftsrecht Rz 4/427; *Bauer/Zehetner* in *Straube*, Wiener Kommentar GmbHG § 82 Rz 88.

548 17 Ob 5/19p.

Zudem geht effektives Cash Pooling oft mit sogenannten Service Agreements und Intercompany Agreements einher, die – oft in völliger Missachtung des Trennungsprinzips – das Rechnungswesen, die Abwicklung des Zahlungsverkehrs, die Entscheidungen darüber, was wann wie bezahlt wird, und Zeichnungsberechtigungen auf Konten der Kapitalgesellschaft an andere Konzerngesellschaften, idR an Muttergesellschaften, „auslagern". Auch das ist mE unzulässig, weil damit den Geschäftsführern die Möglichkeit genommen wird, tatsächlich die Geschäfte zu führen und über das Vermögen der Gesellschaft zu disponieren. Sie werden dadurch zu Strohmännern bzw Konzernmarionetten, und diejenigen Konzernmanager, die tatsächlich über die Buchhaltung verfügen, darauf aufbauend Entscheidungen fällen und jene Entscheidungen durch ihren Zugriff auf die Konten der Gesellschaft auch tatsächlich umsetzen (können), werden dadurch zu faktischen Geschäftsführern der so von ihnen beherrschten Kapitalgesellschaft.

Es ist mE naturgemäß sogar davon auszugehen, dass eine Bank, die einen (nicht vollständig besicherten) effektiven Cash Pool unter Beteiligung österreichischer Kapitalgesellschaften als Produkt anbietet, organisiert und betreibt, positiv Kenntnis von dessen Rechtswidrigkeit insbesondere als Verstoß gegen das Verbot der Einlagenrückgewähr haben muss.

Jedenfalls ist die Verdachtslage bei einem effektiven Cash Pool insbesondere für die Bank, die ihn als Produkt anbietet, organisiert und abwickelt, so dicht (vgl OGH:[549] *Abfluss von Vermögen unter Einfluss eines Dominus auf alle Beteiligten hochverdächtiger Fall*), dass die Bank hier mE Nachforschungen anzustellen und die betriebliche Rechtfertigung einerseits sowie das Vorhandensein einer effektiven werthaltigen Sicherheit andererseits zu hinterfragen hat. Das ist umso mehr der Fall bzw noch kritischer, wenn auch die Zeichnungsberechtigungen auf Konten einer Konzerngesellschaft nicht bei Organen ebenjener Konzerngesellschaft liegen, was mE einfach unzulässig ist, aber derzeit in der Praxis dennoch um sich greift.

23.17. Abschlussprüferhaftung bei Cash Pooling und Einlagenrückgewähr

Die Großinsolvenzen der jüngsten Zeit zeigen die praktische Relevanz des Verbots der Einlagenrückgewähr insbesondere iZm der Abschlussprüfung (zur Abschlussprüferhaftung siehe 18.13.).

Wie im Folgenden näher dargelegt wird, ist oft auf einen Blick auf die Bilanz erkennbar, dass tatsächlich längst Zahlungsunfähigkeit und insolvenzrechtliche qualifizierte Überschuldung vorliegen, weil sofort fällige Verbindlichkeiten aus verbotener Einlagenrückgewähr die flüssigen Mittel einer Kapitalgesellschaft schon lange um

549 Vgl OGH 29.3.2017, 6 Ob 48/17b; OGH 14.9.2011, 6 Ob 29/11z; 29.9.2010, 7 Ob 35/10p.

ein Vielfaches (auch Hundert- und Tausendfaches kommt vor) übersteigen. Dennoch finden sich immer wieder Abschlussprüfer, die auch in solchen Fällen uneingeschränkte Bestätigungsvermerke erteilen und sich entweder bewusst über die Regeln der verbotenen Einlagenrückgewähr hinwegsetzen (Vorsatz) oder hoffen, „dass das schon alles irgendwie passen wird" (grobe Fahrlässigkeit).

Im Zusammenhang mit Cash Pooling ist für die Abschlussprüferhaftung besonders bedeutsam, dass der Rückleistungsanspruch aus verbotener Einlagenrückgewähr sofort fällig ist (siehe 7.). Das müssen mE auch Abschlussprüfer wissen und berücksichtigen. Wenn in der Bilanz *Verbindlichkeiten gegenüber verbundenen Unternehmen* oder *Verbindlichkeiten gegenüber Unternehmen, mit denen ein Beteiligungsverhältnis besteht*, also Verbindlichkeiten gegenüber Tochtergesellschaften, ausgewiesen sind, ist mE durch den Abschlussprüfer zu prüfen, ob jene Verbindlichkeiten (insbesondere) wegen des Verstoßes gegen das Verbot der Einlagenrückgewähr sofort fällig sind (und das ist bei solchen Verbindlichkeiten der Regelfall, wenn sie unbesichert sind, siehe 23.16.1. f). Schließlich kann sich aus sofort fälligen Verbindlichkeiten die Insolvenz (Zahlungsunfähigkeit und/oder qualifizierte insolvenzrechtliche Überschuldung) ergeben. Das liegt zB dann auf der Hand, wenn eine Tochtergesellschaft unbesicherte „Darlehen" in beträchtlicher Höhe zugunsten der Muttergesellschaft leistet und die Muttergesellschaft nicht in der Lage ist, jene Beträge sofort zurückzubezahlen.

Wenn nun solchen Verbindlichkeiten nicht in vollem Umfang flüssiges Aktivvermögen gegenübersteht oder dieses kurzfristig – und zwar legal und nicht etwa durch weitere verbotene Einlagenrückgewähr – beschafft werden kann, liegt der **Insolvenztatbestand der Zahlungsunfähigkeit** vor. Schließlich ist das der Fall, wenn ein Schuldner infolge eines nicht bloß vorübergehenden Mangels an bereiten Zahlungsmitteln seine fälligen Schulden in angemessener Frist nicht erfüllen und sich die dafür erforderlichen Mittel auch nicht alsbald beschaffen kann.[550] Maßgeblich für die Beurteilung der Zahlungsunfähigkeit ist ein aktuelles Unvermögen des Schuldners, die zum Prüfungszeitpunkt fälligen Verbindlichkeiten zu zahlen.[551]

In diesem Zusammenhang ist auch der **Insolvenztatbestand der qualifizierten Überschuldung** zu beachten. Schließlich können die sofort fälligen Verbindlichkeiten aus verbotener Einlagenrückgewähr auch dann zur Insolvenz führen, wenn die damit einhergehende Belastung der Rückzahlungspflichtigen zwar nicht deren unmittelbare, aber deren **künftige Zahlungsunfähigkeit als wahrscheinlich erscheinen lässt**.

Eine gesetzliche Definition der Überschuldung fehlt, doch liegt diese nach herrschender Ansicht dann vor, wenn die Schulden insgesamt die Aktivbestandteile des Vermögens übersteigen („rechnerische Überschuldung") und keine positive

550 RS0064528.
551 *Dellinger* in *Konecny/Schubert*, InsG § 66 KO Rz 23 mwN.

Fortbestehensprognose möglich ist.[552] Eine insolvenzrechtlich bedeutsame Überschuldung einer Kapitalgesellschaft ist also nicht schon beim Überwiegen der Passiven über die Aktiven anzunehmen, sondern es muss zur rechnerischen Überschuldung (das ist ein Überschuldungsstatus **nach Liquidationswerten**) eine ungünstige Fortbestehensprognose hinzutreten, die eine **künftige Zahlungsunfähigkeit als wahrscheinlich erscheinen lässt**.[553]

Die Überschuldung iSd Insolvenzrechts kann nicht einfach auf Basis der Buchwerte in der Jahresbilanz ermittelt werden.[554] Mithilfe sorgfältiger Analysen der Verlustursachen, eines Finanzierungsplans sowie der Zukunftsaussichten des Unternehmens ist die **wahrscheinliche Zahlungsunfähigkeit** zu prüfen.[555] Die Wiederherstellung eines positiven Eigenkapitals in der Jahresbilanz oder gar eine Beseitigung der rechnerischen Überschuldung verlangt die Rechtsprechung dafür nicht.[556]

Der Fortbestehensprognose ist eine realistische Einschätzung der künftigen Erträge und Aufwendungen zugrunde zu legen; aufgrund einer solchen realistischen Zukunftserwartung muss für eine positive Fortbestehensprognose die **Zahlungsfähigkeit** und Lebensfähigkeit des Unternehmens **mit zumindest überwiegender Wahrscheinlichkeit anzunehmen sein**.[557] Die Erhaltung der Zahlungsfähigkeit ist wahrscheinlich, wenn eine Planung der zukünftigen Zahlungsströme ein ausgeglichenes Verhältnis der Ein- und Auszahlungen ausweist.[558]

Der Insolvenztatbestand der qualifizierten Überschuldung ist mE indiziert, wenn bei richtiger rechtlicher Beurteilung von Verbindlichkeiten gegenüber Tochterunternehmen als sofort fällige Verbindlichkeiten aus verbotener Einlagenrückgewähr schon länger Verluste oder negatives Eigenkapital auszuweisen gewesen wären. Schließlich kann nach der ständigen Rechtsprechung des OGH keine positive Fortbestehensprognose erstellt werden, wenn zwei Jahre vor dem Beurteilungszeitpunkt fortlaufend bedeutende Verluste „erwirtschaftet“ wurden.[559] Insolvenzrechtliche Überschuldung liegt jedenfalls vor, wenn die Lebensfähigkeit der Gesellschaft unter Bedachtnahme auf eingeleitete Sanierungsmaßnahmen nicht hinreichend, das heißt mit überwiegender Wahrscheinlichkeit gesichert ist, eine rechnerische Unterbilanz daher nicht durch eine geschätzte zukünftige positive

552 OLG Wien 26.8.2024, 6 R 167/24h; *Dellinger/Oberhammer/Koller*, InsR[5] Rz 71, 75; *Dellinger* in *Konecny/Schubert*, InsG § 67 KO Rz 1.

553 OLG Wien 26.8.2024, 6 R 167/24h; RS0064962; OLG Wien 6 R 30/21g ua.

554 OLG Wien 26.8.2024, 6 R 167/24h mit Verweis auf *Dellinger* in *Konecny/Schubert*, InsG § 67 KO Rz 25.

555 OLG Wien 26.8.2024, 6 R 167/24h mit Verweis insb auf *Dellinger* in *Konecny/Schubert*, InsG § 67 KO Rz 35.

556 OLG Wien 26.8.2024, 6 R 167/24h mit Verweis auf *Dellinger* in *Konecny/Schubert*, InsG § 67 KO Rz 81.

557 OLG Wien 26.8.2024, 6 R 167/24h; 6 Ob 19/15k.

558 *Dellinger*, in *Konecny/Schubert*, InsG § 67 KO Rz 77.

559 Vgl 8 Ob 608/87; JBl 1989, 53 *(Schumacher)*; RS0064962; *Schumacher* in *Koller/Lovrek/Spitzer* (Hrsg), IO[2] (2022) zu § 67 IO Rz 17.

Entwicklung ausgeglichen werden kann,[560] und das kann angesichts angehäufter unbesicherter – aber sofort fälliger – Verbindlichkeiten gegenüber Tochterunternehmen rasch der Fall sein. Das Aufdecken einer etwaigen Insolvenz der zu prüfenden Gesellschaft ist eine der Kernaufgaben des Abschlussprüfers.

23.18. Umgründungen

23.18.1. Sachgründung durch Einbringung eines Betriebs

Bei der **Einbringung eines Betriebs als Sacheinlage** in eine neu gegründete GmbH gegen Gewährung von Gesellschaftsanteilen sind die zwingenden Vorschriften über die Sachgründung (§ 6a GmbHG), das Verbot der Einlagenrückgewähr (§ 82 Abs 1 GmbHG) und das Verbot des Erwerbs eigener Geschäftsanteile (§ 81 GmbHG) zu prüfen.[561] Die **Einbringung ohne Gegenleistung** nach **§ 19 Abs 2 Z 5 UmgrStG** ist keine Sacheinlage.[562] Da die Zuwendung unentgeltlich erfolgt, ist die Einbringung schon deshalb unproblematisch, weil die übertragende Gesellschaft aufgrund ihrer unmittelbaren oder mittelbaren Beteiligung an der übernehmenden Gesellschaft keine Vermögenseinbußen erleidet, wie dies bei der „Downstream-Einbringung" der Fall ist. Die Aufgabe des Eigentums am eingebrachten Betrieb wird durch die Erhöhung des Werts der Beteiligung an der übernehmenden Gesellschaft ausgeglichen. Eine Einlagenrückgewähr erfolgt nicht.[563] Den Gläubigern wird weder Haftungsvermögen noch der Schuldner entzogen.

23.18.2. Verschmelzung

Bei einer Konzernverschmelzung von einer übertragenden hundertprozentigen Muttergesellschaft auf ihre übernehmende Tochtergesellschaft (Verschmelzung downstream) muss das übertragene Vermögen der Muttergesellschaft einen positiven Verkehrswert aufweisen[564] (eine Aussage zum Erfordernis eines positiven Verkehrswerts des übertragenen Vermögens bei einer Konzernverschmelzung in die umgekehrte Richtung, also von einer übertragenden Tochtergesellschaft auf eine übernehmende Muttergesellschaft [Verschmelzung upstream], enthält jene Entscheidung nicht).

Da es dem Gesetzgeber nicht zusinnbar ist, Verschmelzungen zuzulassen, die zu einem insolvenzreifen Gebilde führen, ist auch bei der **Verschmelzung zweier Schwestergesellschaften** ein positiver Verkehrswert auf beiden Seiten erforderlich.[565]

560 RS0064962.
561 RS0115150.
562 RS0115150.
563 RS0115150.
564 6 Ob 4/99b SZ 72/172; vgl dazu *M. Fellner*, NZ 2000, 225; *Saurer*, AnwBl 2001, 78; C. Nowotny, RWZ 2000/32; *Wenger*, RWZ 2000/16; *Damböck/Hecht*, RdW 2000/1; RS0112744; RS0112746.
565 Siehe zB 6 Ob 70/03t; 6 Ob 4/99b; SZ 72/172; 6 Ob 203/20a ErwGr 2.2.

23.18.3. Übertragung negativen Vermögens (Umwandlung, Verschmelzung)

Eine **Umwandlung** zB einer Gesellschaft mit beschränkter Haftung in eine Kommanditgesellschaft gemäß **§ 5 UmwG** muss nicht zwingend zur Verbesserung der Situation der Gläubiger führen.[566] Dies ergibt sich schon aus dem auch im Umwandlungsrecht anwendbaren (§ 5 Abs 5 iVm § 2 Abs 3 UmwG) **§ 226 AktG**, der nach einer (zulässigerweise) durchgeführten Umwandlung den Gläubigern im Fall einer Verschlechterung ihrer Position durch die Umwandlung Sicherstellungsansprüche einräumt.[567] Ginge der Gesetzgeber davon aus, dass die Umwandlung stets zu einer Verbesserung der Situation der Gläubiger führt, wäre dieser Verweis des § 5 Abs 5 UmwG überflüssig.[568]

23.18.4. Upstream-Merger (Verschmelzung nach oben)

Bei der **Upstream-Verschmelzung** kann das Vermögen der übertragenden Tochtergesellschaft negativ sein, sofern die Muttergesellschaft nach der Verschmelzung die (fälligen) Verbindlichkeiten sämtlicher Gläubiger (sowohl der übertragenden als auch der übernehmenden Gesellschaft) bedienen kann und durch die Übernahme des negativen Vermögens nicht selbst insolvenzreif wird, schließlich ist es der Muttergesellschaft auch gestattet, ihre Tochtergesellschaft zu sanieren und dann die Verschmelzung durchzuführen, und das Ergebnis ist dasselbe.[569] Dabei kommt es für die Frage des positiven Verkehrswerts bzw der Überschuldung **nicht auf Buchwerte, sondern die tatsächlichen Werte** an.[570]

In einem speziellen Fall der Verschmelzung einer Tochtergesellschaft, die ihrer Muttergesellschaft ein Darlehen gewährt hatte, judizierte der OGH, dass es auf die Frage, ob ein Upstream-Merger an sich eine verbotene Einlagenrückgewähr zwischen Mutter- und Tochtergesellschaft darstellt, gar nicht ankommt, weil die beiden Gesellschaften ohnehin verschmolzen wurden und daher insofern als Einheit zu betrachten sind.[571] Jener Fall wies aber die auch vom OGH erkannte und

566 6 Ob 235/07p; RWZ 2008, 104 *(Wenger)* = GesRZ 2008, 100 *(Umlauft)* = ecolex 2008, 243 *(Karollus)*; vgl *C. Nowotny*, RdW 2009, 326; 6 Ob 236/07k; 6 Ob 203/20a ErwGr 2.3.

567 6 Ob 203/20a ErwGr 2.3.

568 6 Ob 203/20a ErwGr 2.3; RS0123026.

569 6 Ob 203/20a Rz 23 mit Verweis auf *Reich-Rohrwig*, Grundsatzfragen der Kapitalerhaltung bei der AG, GmbH sowie GmbH & Co KG (2004) 284–287; *Kalss*, Verschmelzung – Spaltung – Umwandlung² (2010) § 224 AktG, Rz 57 ff; *Saurer* in *Doralt/Nowotny/Kalss*, AktG² (2012) § 52 Rz 103 f; *Aburumieh/Adensamer/H. Foglar-Deinhardstein*, Verschmelzung (2014), VII. C Rz 15; *Eckert/Schopper* in *U. Torggler* (Hrsg), GmbHG (2014) § 101 Rz 31; *Auer*, Gläubigerschutz bei Vermögensbewegungen down-stream (2016) 213–220; *Bauer/Zehetner* in *Straube/Ratka/Rauter*, WK GmbHG (2017) § 82 Rz 137; *Schindler/Brix* in *Straube/Ratka/Rauter*, WK GmbHG (2017) § 101 Rz 5; *Aburumieh/Adensamer/H. Foglar-Deinhardstein* in FAH (2017) § 101 Rz 50; *Szep* in *Artmann/Karollus*, AktG⁶ (2019) § 224 Rz 8–10, 17; vgl auch *Koppensteiner*, Verschmelzung und Vermögensbindung, wbl 1999, 333 (340); *Koppensteiner/Rüffler*, GmbH³ (2007) § 82 Rz 17 f; *Kalss* in *Doralt/Nowotny/Kalss*, AktG² (2012) § 224 Rz 27.

570 6 Ob 203/20a Rz 27; OLG Wien 28 R 111/04f, 28 R 112/04b = NZ 2005, 300.

571 6 Ob 48/12w ErwGr 1.

angesprochene Besonderheit auf, dass bei gebotener wirtschaftlicher Betrachtungsweise eine verbotene Einlagenrückgewähr an die Muttergesellschaft und mittelbar auch an deren Alleingesellschafter erfolgt ist, woraus folgte, dass jede seinerzeit von der späteren Gemeinschuldnerin (die Muttergesellschaft samt verschmolzener Tochtergesellschaft wurde insolvent) zurückgezahlte Kreditrate zugleich eine verbotene Einlagenrückgewähr an den Alleingesellschafter war, weil sich dieser die eigentlich ihn treffende Zurückzahlung der Kredite insoweit ersparte.[572]

Nach **§ 224 Abs 2 Z 1 AktG** könnte bei unmittelbarer identer Beteiligung an übertragender und übernehmender Gesellschaft fakultativ von einer Anteilsgewährung abgesehen werden.[573] Bei bloß mittelbarer Beteiligungsidentität kann die Verschmelzung jedoch zu einer verbotenen Einlagenrückgewähr führen, die durch den konzernrechtlichen Zusammenhang als solchen nicht gerechtfertigt ist.[574] Wenn die Großmuttergesellschaft an ihren beiden Tochtergesellschaften zu je 100 % beteiligt ist, welche wiederum je 100 % der Anteile an der übertragenden bzw übernehmenden Enkelgesellschaft halten, erleidet die Tochtergesellschaft, die vor der Verschmelzung die Beteiligung an der übertragenden Enkelgesellschaft gehalten hat, mangels Gegenleistung eine **kompensationslose Vermögenseinbuße**, die gegen das Verbot der Einlagenrückgewähr verstößt.[575] Aus Sicht der Gläubiger einer Tochtergesellschaft würde deren verschmelzungsbedingter Wertverlust ihre Kapitalgrundlage aushöhlen.[576] Allerdings könnten **Maßnahmen** wie eine Kapitalerhöhung, ein entsprechender Ausgleich durch Ausschüttung freier Rücklagen, ein Gesellschafterzuschuss oder eine vorausgehende ordentliche Kapitalherabsetzung bei der Tochtergesellschaft der „weggeschmolzenen" Enkelgesellschaft einen Ausgleich herbeiführen.[577]

23.18.5. Österreichbezug bei internationalen Verschmelzungen

Gemäß **§ 224 Abs 2 Z 2 AktG** kann eine Anteilsgewährung ferner dann unterbleiben, wenn die Gesellschafter der übertragenden Gesellschaft (formlos) darauf verzichten. Das Unterbleiben einer Anteilsgewährung ist auch in diesem Fall aber nur zulässig, wenn damit nicht gegen das Verbot der Einlagenrückgewähr oder der Befreiung von Einlageverpflichtungen verstoßen wird.[578] § 224 Abs 2 AktG

572 6 Ob 48/12w ErwGr 1.
573 6 Ob 226/09t ErwGr 5.2.
574 6 Ob 226/09t ErwGr 5.2.
575 6 Ob 226/09t ErwGr 5.2 mit Verweis auf *Reich-Rohrwig*, Kapitalerhaltung, 230 f; *Kalss*, Verschmelzung - Spaltung - Umwandlung § 224 AktG Rz 7; *Schindler/Brix* in *Straube*, GmbHG § 101 Rz 9.
576 6 Ob 226/09t ErwGr 5.2 mit Verweis auf *Reich-Rohrwig*, Kapitalerhaltung, 230 f.
577 6 Ob 226/09t ErwGr 5.2 mit Verweis auf *Schindler/Brix* in *Straube*, GmbHG § 101 Rz 9; *Kalss*, Verschmelzung - Spaltung - Umwandlung, § 224 AktG Rz 7; *Reich-Rohrwig*, Kapitalerhaltung 230 f; *Micheler*, Einlagenrückgewähr durch Verschmelzung im Konzern - § 224 AktG neu, RdW 1993, 357 ff (361).
578 6 Ob 226/09t ErwGr 5.4 mit Verweis auf *Schindler/Brix* in *Straube* GmbHG § 101 Rz 10.

kann aber nicht als genereller Verweis auf österreichisches Kapitalerhaltungsrecht verstanden werden.[579] Voraussetzung der Anwendung der in § 224 Abs 2 AktG enthaltenen Einschränkung, dass das Unterbleiben der Gewährung von Aktien (Z 1) oder der Verzicht der Gesellschafter der übertragenden Gesellschaft auf die Gewährung von Aktien nicht das Verbot der Einlagenrückgewähr verletzen darf, ist vielmehr nach hA das Vorliegen eines „**Österreichbezugs**".[580] Daher ist der in § 224 Abs 2 AktG liegende kollisionsrechtliche Verweisungsgehalt auf den dem Gesetzgeber zweifellos vorschwebenden „Normalfall" der Beteiligung österreichischer Gesellschaften bzw allenfalls ausländischer Gesellschaften mit einem gewissen „Österreichbezug" zu reduzieren.[581] Es ist schließlich **Sache des auf die übertragende Kapitalgesellschaft jeweils anwendbaren nationalen Rechts**, die Voraussetzungen festzulegen, unter denen die Gewährung einer Beteiligung an der übernehmenden österreichischen Kapitalgesellschaft an die Gesellschafter der untergehenden Gesellschaft unterbleiben kann.[582] Ein solcher „Österreichbezug"[583] kann dazu führen, **dass das Firmenbuchgericht im Zuge einer Verschmelzung teilweise auch ausländisches Recht anzuwenden hat.**[584] Dabei ist aber zu berücksichtigen, dass die gebotenen Nachforschungen die Sachentscheidung nicht unzumutbar hinauszögern dürfen[585] und dass die Parteien im Firmenbuchverfahren in Ansehung der Ermittlung ausländischen Rechts eine verstärkte Mitwirkungspflicht trifft, weil gerade bei internationalen Verschmelzungen die Antragsteller regelmäßig leichter Zugang zum Heimatrecht ausländischer Gesellschaften haben, sodass die Vorlage entsprechender Unterlagen dem Antragsteller in der Regel keine besonderen Schwierigkeiten bereitet.[586]

23.18.6. Einbringungen

Einbringungen, bei denen Vermögen einer Kapitalgesellschaft & Co KG im Rahmen eines Sacheinlagevertrags ohne Gegenleistung auf den Kommanditisten übertragen werden, sind offene Verstöße gegen das Kapitalerhaltungsgebot; ein durch einen Verstoß gegen diese Vorgaben durch die verantwortlichen Organe bewirkter Schadenseintritt wird allein durch allfällige Rückforderungsansprüche nicht gehindert.[587]

579 6 Ob 226/09t ErwGr 6.1.
580 6 Ob 226/09t ErwGr 6.1 mit Verweis auf *Frotz/Kaufmann*, Grenzüberschreitende Verschmelzungen (2008) § 3 EU-VerschG Rz 19.
581 6 Ob 226/09t ErwGr 6.1.
582 6 Ob 226/09t ErwGr 6.1.
583 6 Ob 226/09t ErwGr 6.1 mit Verweis auf *Frotz/Kaufmann*, Grenzüberschreitende Verschmelzungen (2008) § 3 EU-VerschG Rz 19.
584 6 Ob 226/09t ErwGr 9.1 mwN.
585 6 Ob 226/09t ErwGr 9.2 mit Verweis auf *Verschraegen* in *Rummel*, ABGB[3] § 4 IPRG Rz 4.
586 6 Ob 226/09t ErwGr 9.2.
587 6 Ob 198/15h (NZ 2016/149 *(Brugger)* = GES 2016, 344 (*Bergmann/Schörghofer*, GES 2017, 20; *Aburumieh/Foglar-Deinhardstein*, GES 2019, 3) = ecolex 2017/104 (*Welser*, 1073); RS0123863 (T5).

Die Einbringung des einer Kommanditgesellschaft gehörenden Geschäftsanteils an einer GmbH (samt sämtlicher ausländischer Tochtergesellschaften) durch einen Einbringungs- und Sacheinlagevertrag ohne Gegenleistung auf die Konzernmutter kann zulässig sein, wenn eine Gewinnausschüttung des Teilbetriebs an die Gesellschafter im Wege einer Sachdividende erfolgt, wenn eine ordentliche Kapitalherabsetzung unter analoger Anwendung der §§ 54 ff GmbHG vorgenommen wird, wenn die Vorschriften über die Liquidation (mit Sachauskehr) eingehalten werden oder wenn ein den Wertabgang ausgleichender Gesellschaftereinschuss an die sacheinlegende KG geleistet wird.[588]

23.18.7. Errichtende Umwandlung einer GmbH in eine KG

Bei der errichtenden Umwandlung einer GmbH in eine KG muss die Höhe der übernommenen Kommanditeinlagen (Hafteinlagen) die Höhe des entsprechenden Teils des Stammkapitals erreichen.[589]

24. Auslandsbezug, anwendbares Recht

Fragen der Erhaltung des Gesellschaftskapitals, etwa der Einlagenrückgewähr, unterfallen dem Ausnahmetatbestand des **Art 1 Abs 2 lit f Rom I-VO** und unterliegen daher dem **Gesellschaftsstatut** und sind daher nach **inländischem Recht** zu beurteilen.[590]

25. Gerichtliche Zuständigkeit

25.1. Nationale gerichtliche Zuständigkeit

25.1.1. Klage gegen Gesellschafter

Die wegen einer verbotenen Einlagenrückgewähr geschädigte Gesellschaft kann sich nach dem Grundprinzip der §§ 82 f GmbHG an ihre Gesellschafter und mit ihrem Anspruch auf Rückersatz an das **nach § 92c JN zuständige Gericht am Sitz der Gesellschaft** wenden (**§ 51 Abs 1 Z 6 JN**).[591]

25.1.2. Klage gegen Geschäftsführer

Gem § 51 Abs 1 Z 6 JN ist für Klagen der Gesellschaft (oder deren Insolvenzverwalter) gegen Geschäftsführer und Vorstände („*zwischen den Mitgliedern der Verwaltung und den Liquidatoren der Gesellschaft und der Gesellschaft*“) das örtlich zuständige Handelsgericht zuständig (§ 92c JN), sofern es sich nicht um Arbeitsrechtssachen (angestellte Geschäftsführer) handelt.

588 6 Ob 207/20i ErwGr 2.2; RS0123863 (T6); vgl 6 Ob 161/17w; *Bauer/Zehetner* in *Straube/Ratka/Rauter*, WK GmbHG § 82 Rz 148.

589 RS0112744 (T6).

590 6 Ob 31/22k ErwGr 5.1.1; 17 Ob 12/21w ErwGr 5.1. f; 9 Ob 68/13k ErwGr III 1.6; vgl auch 6 Ob 220/20a ErwGr 2.2.

591 6 Ob 98/24s.

25.1.3. Klage gegen faktische Geschäftsführer

„Faktische Geschäftsführer" einer GmbH werden vom OGH nicht als „Mitglied der Verwaltung" im Sinn des § 51 Abs 1 Z 6 JN qualifiziert.[592] Der gesetzlich nicht näher definierte Begriff des faktischen Geschäftsführers zeichnet sich durch ein vielschichtiges, rechtlich keineswegs exakt umrissenes Verständnis aus. Aufgrund der deutlichen Unterschiede zwischen einem „faktischen Geschäftsführer" und einem organschaftlichen Vertreter würde eine erweiternde Auslegung des Begriffs „Mitglied der Verwaltung" zu Rechtsunsicherheit führen und die Klärung der Zuständigkeit mit erheblichen Abgrenzungsschwierigkeiten belasten. Sie wird daher vom OGH abgelehnt,[593] weil ein derartiges Verständnis der Rechtssicherheit nicht förderlich wäre, soll doch die Zuständigkeit des Gerichts möglichst einfach und klar umrissen sein.[594]

25.1.4. Klage gegen mittelbare Gesellschafter

Als „Mitglied" einer GmbH ist der Gesellschafter einer Kapitalgesellschaft anzusehen, nicht aber der Unterbeteiligte an einem Geschäftsanteil einer GmbH, weil dieser nur in eine rechtliche Beziehung zum Hauptbeteiligten (also dem Gesellschafter), nicht aber zur Gesellschaft selbst tritt.[595] Als Mitglied einer AG ist grundsätzlich nur deren unmittelbarer Aktionär, nicht jedoch der (Allein-)Anteilseigner der (Mehrheits-)Aktionärin anzusehen. Dass bei Prüfung eines Verstoßes gegen das Verbot der Einlagenrückgewähr eine wirtschaftliche Betrachtungsweise angezeigt sein mag und daher auch mittelbare Gesellschafter als Normadressaten anzusehen sind,[596] kann daran nichts ändern.[597]

25.2. Inner-EU internationale gerichtliche Zuständigkeit

25.2.1. Allgemein: (gesellschafts-)vertraglich iSd Art 7 Nr 1 EuGVVO 2012

Maßnahmen der effektiven Kapitalaufbringung und die Rückforderung einer verbotenen Einlagenrückgewähr sind auch nach Unionsrecht systematisch Rechte der Gesellschaft.[598] Gesellschaftsrechtliche Ansprüche unterliegen dem Vertragsgerichtsstand nach **Art 7 Nr 1 EuGVVO 2012**, sofern sie nicht den Bestand der Gesellschaft betreffen und ihren Grund im Mitgliedschaftsverhältnis haben. Auf das Verbot der

592 6 Ob 202/11s.

593 6 Ob 202/11s ErwGr 4.4; 17 Ob 21/23x ErwGr 3.4.

594 6 Ob 202/11s ErwGr 4.4.

595 17 Ob 21/23x ErwGr 3.3; 6 Ob 502/94; vgl auch 6 Ob 194/21d Rz 22.

596 RS0105536 (T 24).

597 17 Ob 21/23x Rz 32.

598 6 Ob 178/22b: „*[V]gl nur Art 57 der Richtlinie (EU) 2017/1132 des Europäischen Parlaments und des Rates vom 14.7.2017 über bestimmte Aspekte des Gesellschaftsrechts [;] wird [...] zurückgewährt, wenn die Gesellschaft beweist, dass diesen Aktionären die Unzulässigkeit der an sie erfolgten Ausschüttung bekannt war.*"

Einlagenrückgewähr gestützte Ansprüche (§§ 82 f GmbHG) sind daher als (gesellschafts-)vertraglich iSd Art 7 Nr 1 EuGVVO 2012 zu qualifizieren.[599]

Die gesellschaftsrechtliche Beziehung der Gesellschaft zu ihren Mitgliedern unterliegt dem Personalstatut der Gesellschaft, dies ist nach § 10 IPRG das Recht des Staates, in dem die Gesellschaft den tatsächlichen Sitz ihrer Hauptverwaltung hat.[600]

25.2.2. Einlagenrückgewähr ist keine insolvenzrechtliche Sache

Art 3 Abs 1 EuInsVO weist dem Mitgliedstaat, in dessen Gebiet das Insolvenzverfahren eröffnet wurde, eine internationale Zuständigkeit für Klagen zu, die unmittelbar aus diesem Verfahren hervorgehen und mit diesem in engem Zusammenhang stehen. Verfahren sind daher der EuInsVO unterstellt, wenn sie insolvenznah sind. Eine auf das Verbot der Einlagenrückgewähr gestützte Klage des Insolvenzverwalters fällt nicht in den Anwendungsbereich der EuInsVO.[601]

25.3. Außer-EU internationale gerichtliche Zuständigkeit

Wenn eine (wegen Einlagenrückgewähr) Beklagte ihren Sitz nicht in der Europäischen Union hat, ist sie nicht vom räumlichen Anwendungsbereich der EuGVVO umfasst.[602] In solchen Fällen bestimmt sich die Zuständigkeit der Gerichte eines jeden einzelnen Mitgliedstaats nach dessen eigenem Recht (vgl Art 6 Abs 1 EuGVVO 2012).[603] Nach § 27a Abs 1 JN besteht die inländische Gerichtsbarkeit immer dann, wenn für eine bürgerliche Rechtssache die Voraussetzungen für die örtliche Zuständigkeit eines Gerichts gegeben sind.[604]

25.4. Klagenhäufung schafft keine (internationale) Zuständigkeit

Der RS0037769 trägt insgesamt nicht die Annahme (des Rekursgerichts in der in der FN genannten Entscheidung), dass allein das Vorliegen eines tatsächlichen oder rechtlichen Zusammenhangs (§ 55 JN) zwischen zwei Klagebegehren ausreicht, um die internationale Zuständigkeit des angerufenen Gerichts bei Erhe-

599 RS0108473 (T21); siehe im Detail insbesondere 6 Ob 202/19b; 6 Ob 202/19b ErwGr 2.2 bis 2.5 = ecolex 2020/225 *(Planitzer)* = GesRZ 2020, 337 *(Aburumieh)* = RS0108473 (T21); *Simotta* in *Fasching/Konecny*, Zivilprozessgesetze² V/1 (2008) Art 5 EuGVVO Rz 58; *Czernich* in *Czernich/Kodek/Mayr*, Europäisches Gerichtsstands- und Vollstreckungsrecht⁴ (2015) Art 7 Rz 16, 82; *Paulus* in *Geimer/Schütze/Hau*, Internationaler Rechtsverkehr (52. EL) Nr 538 B Vor I Art 7 Rz 38; *Leible* in *Rauscher*, Europäisches Zivilprozess- und Kollisionrecht⁵ I (2021) Art 7 Brüssel Ia-VO Rz 26; *Gottwald* in MünchKomm ZPO⁶ III (2022) Art 7 Brüssel Ia-VO Rz 6.

600 6 Ob 148/21i (Rz 35).

601 RS0125896 (T3); 17 Ob 12/21w ErwGr 5.1.

602 17 Ob 21/23x; *Kodek* in *Fasching/Konecny*³ V/1 Art 1 EuGVVO 2012 Rz 23; 10 Nc 19/05h.

603 17 Ob 21/23x ErwGr II. 2, Rz 25.

604 17 Ob 21/23x ErwGr II. 2, Rz 25.

bung mehrerer Begehren zur Gänze zu bejahen, sobald das Prozessgericht auch nur für eines der Begehren (international) zuständig ist.[605] Es spielt daher für die Frage der Zuständigkeit keine Rolle, ob zwischen in einer Klage geltend gemachten Anfechtungsbegehren und Feststellungsbegehren ein tatsächlicher oder rechtlicher Zusammenhang im Sinn des § 55 JN besteht.[606]

25.5. Gerichtsstandsvereinbarungen

Naturgemäß kann man kaum direkt eine wirksame Gerichtsstandsvereinbarung für Ansprüche aus verbotener Einlagenrückgewähr treffen, weil die Nichtigkeitssanktion der verbotenen Einlagenrückgewähr den Vertrag *ex tunc* nichtig macht und sich das wohl auch auf eine etwaige darin enthaltene Gerichtsstandsvereinbarung auswirkt.

Generell spricht aber im Allgemeinen viel dafür, dass eine Zuständigkeitsvereinbarung, die für sämtliche Streitigkeiten aus dem Vertrag gelten soll, in der Regel dahin auszulegen ist, dass sie neben den aus dem Vertrag abgeleiteten Ansprüchen auch die damit konkurrierenden deliktischen bzw gesetzlichen Ansprüche umfassen soll:[607] Von dem allgemein geltenden Auslegungsgrundsatz ausgehend, dass Vertragsparteien vernünftige Lösungen anstreben, kann Vertragsparteien nicht unterstellt werden, in Fällen der Anspruchskonkurrenz vor unterschiedlichen Gerichten prozessieren zu wollen,[608] es sei denn, aus der Textierung der Vereinbarung ergäben sich Anhaltspunkte für das Gegenteil.[609]

Die gebräuchliche Formulierung von Gerichtsstandsvereinbarungen *„auch für Streitigkeiten über das gültige Zustandekommen dieses Vertrags“* umfasst mE wegen der Nichtigkeitssanktion (siehe 14.) ohnehin auch Streitigkeiten aus verbotener Einlagenrückgewähr.

26. Wirkung der Unterbrechung durch Insolvenzverfahren (§ 7 IO)

Gemäß § 7 Abs 1 IO werden alle anhängigen Rechtsstreitigkeiten, in denen der Schuldner Kläger oder Beklagter ist, mit Ausnahme der in § 6 Abs 3 IO bezeichneten Streitigkeiten, durch die Eröffnung des Insolvenzverfahrens unterbrochen. Auf **Streitgenossen** des Schuldners wirkt die Unterbrechung nur dann, wenn sie

605 17 Ob 21/23x Rz 43.
606 Vgl 17 Ob 21/23x Rz 44.
607 6 Ob 236/21f ErwGr 2.5.
608 Vgl 6 Ob 202/19b ErwGr 3.2.
609 6 Ob 236/21f ErwGr 2.5; zu Art 25 EuGVVO 2012 vgl *Czernich* in *Czernich/Kodek/Mayr*, Europäisches Gerichtsstands- und Vollstreckungsrecht[4] Art 25 Rz 99; zu nationalen Gerichtsstandsvereinbarungen *Simotta* in *Fasching/Konecny*[3] § 104 JN Rz 87.

mit dem Schuldner eine **einheitliche Streitpartei** (siehe 18.1.) bilden (§ 14 ZPO).[610] Da eine **Solidarverpflichtung**, sei es aus einem Vertragsverhältnis oder aus dem Gesetz, im Regelfall keine einheitliche Streitpartei schafft,[611] bleibt das Verfahren gegen den Zweitbeklagten vom Unterbrechungsgrund unberührt.[612]

Die Eröffnung eines Insolvenzverfahrens über das Vermögen einer der Parteien ist auch im Rechtsmittelverfahren von Amts wegen zu berücksichtigen.[613] Wenn der Gegenstand des Rechtsstreits ein zur Insolvenzmasse gehörendes Vermögen ist, kann über ein vor der Insolvenzeröffnung erhobenes Rechtsmittel während der gemäß § 7 Abs 1 IO *ex lege* eingetretenen Unterbrechung nicht entschieden werden.[614]

27. Zulässigkeit der Revision an den OGH

27.1. Erhebliche Rechtsfrage, Beweislast

Eine Rechtsfrage kann nach dem klaren Gesetzeswortlaut nur dann erheblich iSd § 502 Abs 1 ZPO sein, wenn die Entscheidung von ihrer Lösung abhängt.[615]

Ob ein Geschäft gegen das Verbot der Einlagenrückgewähr verstößt, hängt von den konkreten Umständen des Einzelfalls ab. Die Revision ist daher nur dann zulässig, wenn sie aufzeigt, dass die rechtliche Beurteilung des Berufungsgerichts unvertretbar ist.[616] Das ist mE nicht bedingungslos zu verallgemeinern. Schließlich liegt mE auf der Hand, dass zB Rechtsfragen zu effektivem Cash Pooling (siehe 23.16. f) über den Einzelfall hinausgehende Bedeutung haben und revisibel sein sollten.

Ein reines Abweichen von den Regeln über die Beweislast (siehe auch 12.2.) führt noch nicht zur Zulässigkeit der Revision an den OGH. Die Regeln über die Beweislast greifen nach der Rechtsprechung aber erst und nur dann ein, wenn das Beweisverfahren ohne subsumtionsfähiges Sachverhaltsergebnis geblieben ist.[617] Stehen die zu beweisenden Tatsachen (oder steht das Gegenteil dieser Tatsachen) ohnehin fest, kommen die Beweislastregeln nicht zur Anwendung, weil es dann keine Rolle mehr spielt, wen die Beweislast trifft.[618]

610 17 Ob 10/24f Rz 6.
611 RS0035606.
612 17 Ob 10/24f Rz 6.
613 17 Ob 10/24f Rz 7.
614 Vgl RS0036752; 17 Ob 10/24f Rz 7.
615 17 Ob 12/24z ErwGr 5; vgl auch RS0088931.
616 17 Ob 12/24z ErwGr 3; vgl zB RS0021095: *„auffallende Fehlbeurteilung"*; RS0044088: *„grober Fehler bei der Auslegung der anzuwendenden Rechtsnorm"*.
617 RS0039872; RS0039875 (T5); 17 Ob 12/24z ErwGr 4.
618 17 Ob 12/24z ErwGr 4; vgl 4 Ob 119/24i mwN.

27.2. Zusammenrechnung mehrerer Ansprüche

Werden in einer Klage mehrere Forderungen geltend gemacht, bilden sie nur dann einen einheitlichen Streitgegenstand – und damit einen einheitlichen Entscheidungsgegenstand des Berufungsgerichts –, wenn die Voraussetzungen des **§ 55 Abs 1 JN** vorliegen; andernfalls sind sie getrennt zu behandeln.[619] § 55 Abs 1 JN ist als Ausnahme vom Grundsatz der Nichtzusammenrechnung anzusehen. Daher scheidet eine Zusammenrechnung im Zweifel aus.[620] Bei der Prüfung der Frage, ob die geltend gemachten Ansprüche in einem tatsächlichen oder rechtlichen Zusammenhang stehen, ist vom Vorbringen des Klägers auszugehen.[621] Fehlt es an einem tatsächlichen oder rechtlichen Zusammenhang, so muss als Entscheidungsgegenstand jeder dieser Ansprüche einzeln betrachtet werden.[622] Diese Regelung ist gemäß Abs 4 *leg cit* auch für die Zulässigkeit von Rechtsmitteln maßgebend.[623]

Ein **tatsächlicher Zusammenhang** liegt vor, wenn die Ansprüche aus demselben Klagesachverhalt abgeleitet werden können, wenn also das für einen Anspruch erforderliche Sachvorbringen ausreicht, um auch über den anderen Anspruch ohne ergänzendes Sachvorbringen entscheiden zu können.[624]

Ein **rechtlicher Zusammenhang** liegt etwa dann vor, wenn die Ansprüche aus derselben Rechtsnorm oder demselben Vertrag abgeleitet werden, zB aus einem einheitlichen Liefervertrag.[625] Dies gilt jedoch dann nicht, wenn jeder der mehreren Ansprüche ein ganz verschiedenes rechtliches und tatsächliches Schicksal haben kann.[626]

Keine Zusammenrechnung findet bei Ansprüchen aus lediglich gleichartigen Verträgen statt.[627] Ebenso wenig kommt es zu einer Zusammenrechnung bei Begehren auf Nichtigerklärung verschiedener Gesellschafterbeschlüsse im Sinne des § 41 GmbHG aus verschiedenen Gründen, die nicht in gleicher Weise alle angefochtenen Gesellschafterbeschlüsse betreffen.[628]

28. Früchte – unredliche Besitzer

Unredlich ist der Kondiktionsschuldner, wenn er weiß oder fahrlässig nicht weiß, dass ihm die Leistung nicht gebührt und ein Bereicherungsanspruch besteht; auch Zweifel über die Existenz des Anspruchs führen zur Unredlichkeit, wobei

619 6 Ob 98/24s Rz 23; RS0053096; RS0042753.
620 6 Ob 98/24s Rz 23; RS0122950.
621 6 Ob 98/24s Rz 23; RS0042741; RS0106759.
622 6 Ob 98/24s Rz 23.
623 6 Ob 98/24s Rz 24; RS0053096.
624 6 Ob 98/24s Rz 25; RS0042766; RS0037648 (T4).
625 6 Ob 98/24s Rz 25; RS0037648.
626 6 Ob 98/24s Rz 25; RS0037648 (T11, T18, T20); RS0037899.
627 6 Ob 98/24s Rz 26; RS0037648 (T15); RS0037926 (T26).
628 6 Ob 98/24s Rz 26; 6 Ob 221/16t; RS0042928.

auf einen objektiven Beurteilungsmaßstab abzustellen ist.[629] Davon ist mE bei verbotener Einlagenrückgewähr regelmäßig auszugehen, schließlich setzt der Rückersatzanspruch einen zumindest mittelbar empfangenden Gesellschafter, einen unechten Dritten oder einen sich aufdrängenden Verdacht bei echten Dritten voraus. Der unredliche Bereicherungsschuldner ist jedenfalls zur Herausgabe auch der Früchte verpflichtet.[630]

29. Zinsen (Verzugszinsen für Unternehmer)

Bei Geldleistungen sind nach der Rechtsprechung grundsätzlich die gesetzlichen Zinsen (iHv idR 4 %) zu ersetzen.[631] Der Anspruch auf die doppelt so hohen Verzugszinsen nach § 456 UGB (9,2 % über dem Basiszinssatz) setzt die Zahlungsverzögerung einer Geldforderung voraus. Der Begriff „Geldforderung" iSd § 456 UGB ist weit zu verstehen und nicht nur auf Geldforderungen aus Warenlieferungs- und Dienstleistungsverträgen beschränkt. Von § 456 UGB umfasst sind **nicht nur die eigentlichen Entgeltforderungen aus beiderseits unternehmensbezogenen Geschäften.** Unter Geldforderungen im Sinne des § 456 UGB sind nach herrschender Auffassung **auch** vertragliche Schadenersatz- und **Bereicherungsansprüche** (siehe 7.) zu verstehen. Gleiches gilt jedenfalls für Leistungskonditionen.[632] Daher gebühren mE auch für Rückzahlungsansprüche aus verbotener Einlagenrückgewähr idR Verzugszinsen gem § 456 UGB.

629 7 Ob 672/86; 8 ObA 176/02v; *Koziol/Spitzer* in *Bydlinski/Perner/Spitzer* (Hrsg), Kommentar zum ABGB[7] (2023) zu § 1437 ABGB Rz 1 mwN.

630 *Leupold* in *Schwimann/Neumayr* (Hrsg), ABGB Taschenkommentar[6] (2023) § 1437 ABGB Rz 9.

631 Vgl 7 Ob 672/86; 4 Ob 584/87; 9 ObA 42/91; 4 Ob 84/97z; 7 Ob 137/20b.

632 6 Ob 74/15y ErwGr 5.5; *Haberer/Zehetner* in *Straube*, UGB[4] § 456 Rz 10; *Schuhmacher* in *Straube*, UGB[4] § 352 Rz 7; *Ratka* in *Torggler*, UGB § 456 Rz 3; *Graf*, wbl 2002, 437 (439); RS0120608.

Stichwortverzeichnis